U0852104

红旗出版社

推动进步的力量

中国企业的全球扩张究竟给
全球商业带来了怎样的改变？

解读中国书系

中国企业改变世界

[美]聂东平　[美]威廉·道尔　亚伯拉罕·鲁◎著
李娟◎译

红旗出版社

前言
中国企业改变世界

知人者智，自知者明；胜人者有力，自胜者强。

——老子

“倘若中国觉醒，世界都将为之震颤”——拿破仑·波拿巴的这一伟大预言还未完全兑现，但却初露端倪、迹象清晰。《经济学人》最近指出，尽管中国目前是世界第二大经济体，其在全球的经济投资份额仅为6%；但其全球经济投资的大部分份额在富裕国家，尤以美国为多。

与此相反，1914年，英国占据了全球一半以上的海外投资份额；1967年，美国赶超了英国当年的盛势。无论中国能否超越美国成为世界头号强国，它已对世界产生了重大影响，这种影响从商业到就业无处不在。

若有人质疑中国的重要性，那就来看一些数据吧！中国的人口数甚于美国四倍；在从个人电子设备到纺织品、塑料品、鞋子、服装、自行车等低成本产品制造业中，中国已占据了世界较大份额。中国员工能够延长工作时间、工资相对廉价地工作，这使得中国的廉价商品大量涌入世界各地的沃尔玛、科思科、百思买。

低成本高产出的中国式生产模式推动了全球保护消费者利

益的运动，且免受失控的恶性通货膨胀的影响。

其他一些国家也有普通产品制造业的廉价劳动力，但是中国却因几个因素而与众不同。由于中国巨大的国内市场及城市人口的密集分布，新商机在中国赢得大量消费群体的时间远比其他国家短得多。这些商机同时也会带来激烈竞争。

那些在“优胜劣汰”的环境中生存下来的企业奋力竞争，为实现企业效益最大化，他们已经提高了自我工作效率；更为重要的是，他们已经学会了如何快速、敏捷地应对市场变化。我们可以从中国不稳定的市场中得到启示：**市场利润越来越少，市场竞争却冷酷无情，只有产品优质并能迅速应对市场变化的企业才能生存。**

在世界普通产品制造业中，中国占据了最大份额，这是中国的一大优势；当中国的普通产品制造业形成一种体系或成为经济发展的基础时，其他国家就更难与中国抗衡了。

较之所有新兴经济体，中国港口可以更为快速、廉价、高效地装卸货物；比起许多发达经济体，中国港口装卸货物更为便捷。中国四通八达的高速铁路网及运输状况、发电设备的改善，给予了本地新兴企业极大的支持，这种支持力度是其他国家望尘莫及的。

作为产品制造业的头号强国，中国巨大的市场规模使其成为国际上举足轻重的影响力量，在获得先进国家研发的新技术的过程中，这种力量不容小觑。2009年初，当中国招标建立国内高速铁路系统时，国外企业不得不和中国企业建立伙伴关系。外国企业必须为中国提供最新的设计成果。如今，外国的跨国公司仍向中国供应高级尖端设备，中国企业已经掌握了许多核心技术。

中国已与世界各地建立了商业伙伴关系，这是中国独有而其他新兴经济体不具备的一大优势。鉴于这一优势，中国的新兴企业能更有效地建立供应链并获得所需资源。同时，中国仍然亟需高素质管理人才，并已派遣成千上万名学生到世界一流的商学院深造。中国在人才建设方面进步神速。

随着中国国内人口技术水平和受教育水平的不断提高以及毕业生愿意延长工作时间以谋求晋升的意愿不断增强，中国经济将会在更长时间内保持令世人瞩目的增长率。在中国，每月300美元的工资可以雇用一个本科毕业生，且这种毕业生越来越多。

例如，最近几年，美国每年工程类毕业生的数量将近4万人，而中国的同类毕业生人数多达28万人，这一数字高于中国以外的全球工程类毕业生的总和。这一切是在短期内实现的。1998年，中国有近83万名本科在读大学生，今天，这一数字已达600多万，且工程类大学的教学质量良好。众人皆知，中国正朝一流科技强国的方向发展，像华为等一批领军企业已率先实现了这一点。

中国在清洁能源领域首屈一指。贝拉克·奥巴马总统意欲将太阳能、风能作为技术投资的重点，但中国在聚焦此领域市场后不久，便有统治这一领域的势头。

中国对其在国际上的地位的认识与时俱进。几年前，中国的一些企业占据了国内市场；现在，这些企业准备走出国门与西方那些由来已久的国际企业一比高下。实际上，这些企业没有过多选择。面对压力，中国多数企业不得不选择往国外扩张以求自身的生存发展。这些压力来自国内的价格战争和愈发激烈的市场竞争，同时，2001年中国加入世界贸易组织（WTO）之后，跨国公司进驻中国使这种压力陡然增强。

在这种新形势下，西方公司发现自己面临的挑战日益严峻，他们或孤军奋战、直面挑战，或与中国企业合作、联营。在这些西方企业中，有越来越多被中国投资者完全买下。因此，企业生存的关键在于了解中国国内的相关制度并熟知中国合伙人的行动方向和目标。

从西方视角描述中国的书籍浩如烟海，但基于中国如何看待西方、中国对世界的认识与中华大地上正在发生的事情有何关联这一视角的作品却凤毛麟角。本书中涉及对一些中国顶尖企业的调查，这些企业正向国外发展壮大，且每一个企业都是中国不同经济领域的龙头老大，其中包括能源领域、电气领域、低成本产品制造领域、金融服务领域、高端产品设备领域以及家电产品领域，等等。

了解这些中国企业如何运营对西方企业而言，非常有必要。中国新一代企业家——尤其是那些在“改革开放政策”之下成长起来的企业家——遵纪守法、遵从大政方针，与西方企业及跨国公司的开创者们大相径庭。

西方企业的发展策略类似于国际象棋，每一个有力的棋子都会从四面八方袭击目标，而中国许多新兴企业采取的策略则更像是中国的围棋。在围棋中，目标棋子周围布满了敌方棋子，这些单个棋子势单力薄，但联合起来则力量无穷，足以消灭敌方棋子。在围棋中，决定成败的是棋子的位置和时机。

中国这一经济力量正在世界上崭露头角，西方国家如何应对这一事实，对国际经济及目前的全球化趋势都有深远影响。西方国家将海外购买所得用作投资，在美国看来是大势所趋。然而，当中国竭力争取安全可靠的能源储备或努力买下外国公司以获取核心技术时，中国就成了他国眼中的“侵略者”或“夺权者”。然而，在当今中国新兴企业中，最有竞争力的是那些在严峻而又自由的市场环境中、在政府支持力度小的情况下艰难建厂并生存下来的企业。许多中国人承认，发展任重道远，但他们会及时学习。

这些企业对未知情形的全面准备、欣然接受，以及它们在许多情况下孤注一掷、对整个公司实行单一策略的勇气，最终让它们脱颖而出。多数西方公司则求助于各委员会为其制定策略、做出重大决定，以推卸自己的责任；但中国的新一代企业家则经常依据直觉行事。

结果，在跨国公司竞争者毫无警惕、始料未及之时，中国企业家已完成了交易。如同中国优秀的企业家那样，能顶住风险、在艰难环境中生存发展的西方企业屈指可数。或许将来，众多西方跨国公司需要学习、借鉴中国企业家的做法。本书将对其原因进行分析。

目录

CONTENTS

第六章 康奈、海利、李宁：向价值链上游转移 / 115

第七章 正泰开启中国电气时代 / 139

第八章 平安为中国带来现代金融 / 161

第九章 大族激光：创造新市场 / 191

第十章 海尔撬开美国零售市场之门 / 209

第十一章 清洁能源领域，中国一马当先 / 227

第十二章 条条大路通创新 / 235

第十三章 中国及世界他国所受启示 / 253

第一章

中国不再是枯萎的紫罗兰

致富光荣！

——邓小平

新华社是中国政府的新闻机构。在纽约时代广场，新华社的动画式图标在60英尺高的电视广告牌上昼夜播放。该广告牌上方的保诚保险广告牌与之类似，下方为韩国电视生产商三星的广告牌。每天，约有50万人会看到这块广告牌。该广告牌之前为汇丰银行所占有。1997年，汇丰银行将其总部迁往伦敦而后又迁回。

当时正值全球经济危机，汇丰银行意欲进行新一轮裁员以应对危机。显而易见，新华社抓住了机会。在时代广场广告牌中，投放类似广告的月费用高达40万美元。中国曾因韬光养晦而久负盛名，如今也发现了建立国际品牌的价值。

中国本土新生的自信并不都如时代广场广告牌中的广告那样显而易见。中国投资商们在私人股权投资基金——由罗斯柴尔德创办的罗斯柴尔德创业合作伙伴——投资7.5亿美元并未引起多少公众关注，但它却是中国私人投资商新动向的特点之一。他们购买国外公司，并以打着欧洲某百年品牌的旗号生产经营为目的。

罗斯柴尔德家族在中国投资的历史可追溯到1830年，其中一个拥有拉菲酒庄的家族分支在中国建立了葡萄酒庄园。投资葡萄酒庄园的动机并不难理解。产自武当王酒庄的红酒是中国新兴成功人士地位的最佳象征，仅仅一瓶，便能轻而易举地卖到2000美元。

罗斯柴尔德家族的交易只是中国全球购买风暴中的冰山一

角。2011年上半年，中国投资商购买了至少176家公开上市交易的公司，其中至少6家公司市值超过10亿美元。尽管其中许多交易以获得能源和自然资源为目的，但我们也看到中国人同样购买服务型企业。对中国而言，购买企业不仅能获得新技术，而且能确保中国公司以西方人识别的商标品牌销售自己的产品与服务。简言之，购买企业为消费者提供了更为舒适的全球商业环境，中国在这方面发展态势非常好。

缩小技术差距

一个曾发明了纸张、火药以及公务员考试的国家，想要恢复其世界经济老大的角色，这不足为奇。显然，中国具有这一角色所需要的智慧。例如，2010年11月，中国宣布已成功研制出超级电脑，比同时期的电脑提速40%。中国版超级电脑占地1/3英亩，内含约2万个并联运行的处理器。中国已独立开发了其中一些元件，而并非完全借助外国援助，这让计算机专家们铭记在心。（6个月后，日本电脑中心研发出一款运行速度更快的电脑，这台电脑与其他绝大部分来自美国的超级电脑都期望打破中国纪录。）

比超级电脑更为重要的是，中国2011年10月启动了神威蓝光超级电脑。蓝光电脑每秒可进行1000万亿次运算，排在世界最快的20台计算机之列。蓝光电脑因8700片神威SW1600微处理器驱动而独树一帜，这些微处理器由中国一家电脑研发机构设计并在上海生产。

在设计复杂技术方面，中国已能摆脱西方国家的援助，这是中国制胜的因素。仅在十年前，中国没有能与世界最快电脑500强相抗衡的超级电脑，因而，蓝光的成功格外引人注目。如今，世界最快电脑500强中，中国电脑已占60多个名额，在这一领域位居第二，仅次于拥有225个名额的美国。

超级电脑的设计仅是中国脱颖而出的一个领域。同时，美国打算减少其在太空项目中的资金，中国则已在载人太空探测项目中加快了步伐。中国已成功设计了月球车，该月球车为中国2020年使用的中国空间站而生。尽管中国的空间站重量只有60吨，而已在轨道运行的美国—苏联—欧洲国际空间站则重达400吨，但不难看出，在西方国家曾认为自己具有极大优势的领域，中国已然成为强有力的对手。

中国在其他方面的努力更为务实。几年前，中国的整个铁路体系极不完善。现在，中国的高速铁路里程已超过欧洲。尽管中国2011年7月发生了动车追尾的不良事件，但中国仍将建成世界上最广阔的铁路网。中国建设铁路网的能力如此之强，激起了人们对中国铁路网建设成就的兴趣。

过去20年，欧洲和日本的铁路网已得到逐步拓展，而中国却能在短时间内做到这些。中国通过与外国制造企业合作可以获得一些核心技术，同时中国人也可以在合作中学习。例如，令日本国际联合公司川崎公司担忧的是，中国试图从其技术中获利，并在日本技术基础上再度改进。中国制造的火车速度快于日本火车，在全球普通商务服务中，中国的火车速度也是首屈一指。

磁悬浮列车轨道利用高强度磁场吸附火车升离地面，并消除了摩擦。德国曾在超高速磁悬浮列车轨道建设方面遥遥领先。磁悬浮列车可轻易实现270英里的时速。然而，现在为人所熟知并使用的是上海机场和市中心之间通行的磁悬浮列车。乘坐上海磁悬浮列车走完这段18.6英里的路程，只需7分钟，若乘坐出租车，则要90分钟。

德国最早提出了“磁悬浮”这一概念，但却对其经济可行性犹豫不定。中国采用了这一设想，并与实际需求相结合，率先投资，使之不再是纸上谈兵。令人惊叹的是，铁路运输不是中国通过重磅投资而大步前进的唯一领域。目前，鉴于美国削减太空项目开支计划，中国火箭也在为美国卫星的发射提供服务。

西方人提出的新想法中，有越来越多需要在中国付诸实践，因为西方已不具备相应的设备。例如，法国农民试图重新开设高级羊毛加工厂加工麦兰奴种绵羊羊毛，他们发现，唯一的选择是让中国工厂代加工。法国已没有生产所需数量羊毛的加工厂了。

由于西方公司将它们的产品制造业源源不断地转移到中国，西方国家能够从事的产品制造，中国的某些企业、某些地区都能更廉价地制造。

三里屯欢迎您

北京的三里屯地区现在自称为“屯”。那闪闪发亮的崭新玻璃以及器宇轩昂的钢筋大楼，使之即使置身纽约第五大道或伦敦、巴黎、迪拜等现代化国际大都市也毫不逊色。在这个时尚的氛围中，“屯”这个词听起来有些格格不入，但这一用语却并非偶然。

从某种意义上说，中国正重新定位其在世人眼中的形象。

三里屯不仅销售昂贵的奢侈品，而且向世界传递着强有力的信息，中国人将西方统治世界的时期视为“百年屈辱”，这一时期即将终结，且三里屯是不错的新起点。

三里屯中心区长近1英里。从三里屯到东直门的距离为1500米（约0.9英里）。东直门曾是老北京城墙上的一个入口。1949年新中国成立以后，三里屯变成了北京地区外国人的“聚集地”。

很长一段时间内，该区域都因破旧的酒吧、西式饭店及各种法律擦边球的活动而遭受非议。邓小平彻底改变了中国，在改革浪潮中，三里屯也毫不例外地发生了变化。如今，大北京的面积正在赶超比利时，三里屯离市中心也不再遥远。北京的公交车及地铁都用中英双语报站。

2008年开业的三里屯购物中心，是中国对外开放新举措的例子。在这古色古香、石头建筑的购物中心，有一个横跨其中的巨幅LED电子屏，MTV风格的音乐视频循环播放着。几步之外，全球最大的阿迪达斯运动服装店一览无余。听着iPod的少男少女们信步穿梭在大型苹果电脑专营店。

力士保、芬迪、巴黎世家、范思哲为呈现最华丽的橱窗展你争我赶。一家新开的多映厅影院上映着最新电影。衣着艳丽的孩童在新式喷泉旁嬉戏玩耍，各式花样的水柱断断续续喷入空中。在商业中心的一隅，一家星巴克咖啡店正氤氲在拿铁咖啡和卡布奇诺的香气中。简而言之，三里屯已成为不断壮大的新兴中产阶级们的活动场所。

审视西方名牌，我们很容易得出这样的结论：之前的殖民力量借助消费者享乐主义再次入侵中国。但事实却与此恰恰相反。从更大程度上说，中国正在征服世界——至少是消费界。三里屯那些顾客们蜂拥而上的品牌店或许在商标上有西方的品牌名字，但几乎所有的产品都是中国制造。

曾独霸全球市场的大型国际品牌已很大程度地转变了自己的角色，中国的工业生产日益兴旺，他们则依附中国的产品进行再包装并销售。这些产品中，多数产自无人知晓的工厂、车间。巴黎或意大利可能设计了最新的时尚配饰，但这些产品更有可能生产于中国。

苹果公司的iPad恰如其分地体现了中国当下在消费者市场中的角色。尽管大多数人将这种名声大振的平板电脑视为硅谷公司的天才之举，但电脑的内部件则在中国的富士康组装。富士康是深圳的一家电子工厂，至今仍鲜为外界所知。

三里屯不但不是西方入侵的标志，反而因中国在世界经济中越来越有力的影响而骄傲，因中国作为世界消费品加工业首产地与日俱增的重要性而自豪。中国正努力凭借其独特的发展模式而硕果累累，这种发展模式是前所未有的，其意义也是重大的。

那些常去三里屯的西方人可能会狡辩说，多数高端技术仍然产自西方，但这种观点很快便会成为隔年黄历。中国的发展速度甚至超过了那些心切的推动者们的期望。

中国在高端技术方面的成功越来越多地体现在一般消费品的开发、生产上。中国的民族企业家们不再满足于仅仅为西方企业打工。2001年，中国加入世界贸易组织（WTO）后，中国的加工制造企业及进驻中国市场的大型国际企业面临的竞争愈加激烈，中国的大型企业则纷纷走向世界。为了生存，这些企业别无选择。意欲向13亿中国人销售产品的西方企业突然惊觉，中国企业已在自己的地盘上向他们发起了挑战。

发展速度引发的问题

对中国的新兴企业家以及在思考如何竞争的跨国公司而言，前方的道路并非一马平川。发展过快也会引发诸多问题。我们可迅速成功，但却没有时间认清并应对快速发展的隐患。

某种意义上说，“屯”是一个隐喻。不管中国还是欧洲，传统意义上的“屯”都要历经几个世纪的摸索发展。虽然，最严重的错误已在开始发展时得以消除；但当发展速度呈指数级增长时，我们却没有足够时间评估可能出现的错误。

2010年富士康员工自杀案成为国际头条新闻，该新闻也是发展速度问题的恰当例证。显然，工资低廉、工作时间长、劳动压力大是员工不满的根源。公司随即采取涨薪措施，然而，富士康却面临着比工资问题更为严重的内部管理问题，且其工作压力已经超出了员工的生理极限，这些都昭然若揭。自杀事件的恶果不仅对富士康的未来构成威胁，对美国客户的品牌形象也有深远、恶劣的影响。

过去一百年里，西方企业已改善了其管理结构及雇主和雇员之间的关系，这一过程伴随着双方充满摩擦及失算的痛苦时期。现在，从这些经历中总结出的经验已成为一流商学院MBA课程的内容。然而，中国新一代私营创业家们还没有时间吸收这些积累下来的教训和经验。他们的外援很少，因而多数情况下迫不得已依靠直觉拓展业务。

中国市场的假象

在中国争食的跨国公司总倾向于将他们越来越多的市场份额损失归咎于中国政策，他们认为这些政策对中国企业有利，政府购买尤为如此。但这与美国或欧洲的情况几乎相同。多数政府都对本国企业实行优惠政策。跨国公司更为严重的无理指责是，中国以13亿潜在消费者的巨大市场诱惑跨国公司，以期获得外国技术；一旦技术得手，中国会用“新瓶”装“旧酒”，并使该外国公司无奈撤离。

许多中国CEO公开承认，他们的策略一开始是借鉴西方，掌握技术，然后进一步发展技术并生产自己的产品。中国这些创业家们创业之初，整个社会不理解也不支持私营企业，正是这样的环境把这些公司打造成了攻无不克的强手。为求生存，这些企业家们必须认清市场并自学经营，而不是借助西方公司所依赖的金融储备与风险投资。

寻找西方不屑一顾的市场领域

中国新一代企业家的高人之处在于，他们可以随时快速、灵活地进军市场及新技术领域，这是许多巨型跨国公司难以匹敌的。许多情况下，中国企业已占据了多数跨国公司不屑一顾的市场，且证明了这些领域其实利润丰厚。海尔是中国一家空调及冰箱制造厂，通过销售学生宿舍用冰箱、冷酒柜及其他特殊用途的小巧型电冰箱进入美国市场，当时主要依靠科思科、百思买、沃尔玛等低价位连锁超市销售。该行业的巨头们认为这一领域根本不值得一试。

然而，当他们发现海尔正分割他们的市场蛋糕时，一切为时已晚——海尔俨然已成为劲敌。在海尔想要购买资金短缺的美泰克以掌控美国人更熟知的品牌时，市场老大惠而浦被迫插手，以高于分析师估价的价格买下了美泰克。惠而浦此举之意不在获得美泰克的资产，而在抑制海尔发展。（此处将在第十章详细讨论。）

美国企业如梦初醒，比之自己的产品，中国生产的产品质优价廉。中国技术巨头华为的产品以作为西方高昂通讯体系的廉价替代品而起家，但后来却在研发方面大笔投入，最终成为先进技术的领军者。

事实上，AT&T（美国电话电视公司）和斯普林特（Sprint）原打算与华为签订合同，授权其在美国担任下一代4G通讯体系设计的主力。然而这一合作由于美国政府2011年末的干预而未实现，唯一原因是美国安全部担心与一个和中国军方关系密切的公司签订战略层面的合同将会损害美国的利益。（此内容将于第三章讨论。）

廉价的智慧与敏感度

受过高等教育的劳动者愿意在较低工资水平上长时间工作，这是中国企业的显著优势。但对那些极为成功的中国企业而言，优势远不止这些。中国企业之所以能够频繁签订重大合同，不仅在于其产品价廉，也因为他们能在大型跨国公司需求的短时间内履行合约。

许多欧洲和美国企业采取不容讨价还价的举措，这使得消费者的需求不能全部得以满足。与之相反，优秀的中国企业十分重视自我调整以适应特定消费者的需求，因此在某处使用的设备及体系在另一处则要改头换面，而且他们的研发速度非常快。这是因为这些公司密切关注个体客户的特殊需求。其最终结果便是，中国企业在许多西方企业最为珍视的高价值领域正成长为一支越来越强大的力量。

奥巴马上任时，曾将清洁能源列为拉动美国就业的主要潜力行业，但很快就遭到了国会保守主义者的反对。中国视清洁能源为未来能源的主要发展方向，美方的迟疑无疑给了中国机会。2010年，美国政府为其企业批准了约40亿美元发展清洁能源，并提供了160亿美元的贷款担保。相反，中国国家开发银行曾承诺向中国风能和太阳能企业提供354亿美元的贷款。

仅在5年前，中国在太阳能、风能领域的经验寥寥可数，但到2010年，中国已占据了全球太阳能电池生产的58%和几乎一半的风涡轮机生产。平均每30分钟，全球便有一个新的风涡轮机投产使用，而这些风涡轮机中，有1/3产自中国。

截至2010年，中国风电装机容量增加到25.1千兆瓦（1千兆瓦=10亿瓦）。然而，美国2010年的风力发电量只增加到35千兆瓦。中美两国的不同之处在于，美国企业及国会保守主义者对是否应将气候变化视为真正的威胁而徘徊不前，中国却迅速计划到2020年将中国风能产量增加10倍。全球风能企业近期新增约60万员工。这一数据在将来还会急剧增长，且多数增长极有可能发生在中国。

太阳能看似是西方拱手让给中国的另一技术。2010年3月，BP太阳能公司——一个在太阳能领域有37年经验的先驱——宣布关闭位于马里兰州弗里德里克县的太阳能控制面板加工厂并移至中国。

就在三年半前，BP太阳能厂宣布了一个将马里兰州工厂产能增加1倍的计划，该计划价值7000万美元。除此之外，2010年BP太阳能公司声明将裁减320名员工，只留下100人从事市场销售、技术研发、项目开发。据BP太阳能公司预计，将工厂迁往中国可减少高达45%的单位花费。较之世界其他地方，中国制造业成本之低使之看似并无发展自己技术的迹象。BP公司的前总裁约翰·布朗先生曾在一次采访中发表见解：若能在控制未来能源上迈出一大步，收益将不计其数。目前来看，这些财富极有可能归入中国囊中。

出口加工业日薄西山

西方跨国公司的用工热——雇用中国各阶层的廉价劳动力——致使全球经济发生技术性转变。不久前，中国制造的产品只有6%销往美国；现在，这一数字已接近40%。虽然中国的廉价劳动力已为沃尔玛、科思科等西方销售商带来巨额利润，但其更广范围的影响才刚刚浮出水面。制造业中总会有创新，要想改善加工制造业，就必须在这一领域身体力行。

在不受约束的全球自由市场经济中，即使最先进的工业经济体也会遇到严峻的考验。这一事实愈加明了之日，便是全球化狂热开始冷却之时。早期的资本家突然意识到自己面临的危险，因而行动谨慎。他们的目光聚焦于中国市场，也就不足为怪。

仿造中借鉴

尽管中国企业在起步之初就大张旗鼓地仿造西方产品，中国企业家们却能快速跨过仿造阶段并实现新的发展。他们的目标是生产比同行更加价廉质优的产品。

两个强有力的因素激励着中国人勇往直前。其一是中国的国内竞争，即在价值链上逐渐爬升，以便能够在饱和的市场中寻找新顾客。其二是外国跨国公司遵循WTO章程进入中国市场，致使国内市场的竞争压力越来越大。

不久前，外国公司还热衷于将产品主要卖给活跃于中国的外国人，但现在却不得不与中国的国内企业展开正面竞争，企图在中国国内人口具有更多可支配收入时，分得中国市场一杯羹。据《福布斯》杂志报道，在亿万富翁数量上，中国仅次于美国；中国的上榜亿万富翁率几乎每年翻番。但2009年例外，那年榜单名额因经济危机而缩减30%，19位中国亿万富翁落下榜单。

较之西方人，中国人对成功更为饥渴并愿意为成功付出一切，这是其重要优势。汉语中的“吃苦”是对这一品质的恰当描述。当然，这也存在风险：一些企业为获得竞争优势而采取极端行为或走了过多捷径。奶制品污染事件、出口玩具含铅超标的丑闻及富士康员工自杀问题，等等，所有这些都对国际市场中的中国产品形象构成威胁。一旦出现危险，严密的控制措施就会随之而来。中国愿意为平息风波付出更多努力，这是其制胜法宝，也使其成为无出其右的竞争者。

温州模式

温州是位于中国东南部的一个制造业中心，它将竞争精神展现得淋漓尽致，任何其他地方都望尘莫及。温州作为中国个体经济的摇篮而广为人知，如今，这里生产着全球约70%的打火机和近1/2的廉价鞋、内衣、皮革、拉锁等。温州市中心人口预计已达770万，与纽约人口数不相上下。

温州模式的成功部分原因是1980年12月第一张个体工商执照的颁发，其幸运得主是温州居民章华妹。她承认，在买卖合法以前，她曾在自家门前卖玩具。现在，个体经济已占到温州经济的95%以上。

温州因朝气蓬勃的私营企业而享誉中国。以前的温州贫穷不堪，许多温州人背井离乡、游走他方碰运气。基于他们在温州的社会关系，他们互相联系，最终建成强大的企业网络和商业网络。据估计，目前约有200万早期的温州居民遍布中国各地，另有50万温州人在全球70个国家和地区经商。其中，约有10万人在美国。

经济的成功使琳琅满目的奢侈品涌入温州购物中心。温州一家企业曾试图兼并皮尔·卡丹，还有一家企业试图购买迈克尔·杰克逊的梦幻乐园并将其拆卸运回温州。乌拉圭建筑师卡洛斯·奥特为温州设计了新机场和剧院。经济繁荣期间，温州地区的宝马、奥迪、玛莎拉蒂、保时捷的销量持续稳增，这一切都在意料之中。

规模左右成败

中国广阔的面积也为经济成功助了一臂之力。美国之所以会成为全球的工业支柱，是因为其拥有庞大的智囊团队，统一的市场则可为研制销往全球的商品提供资金。中国正蓄势待发，要与美国一直膨胀的模式一决雌雄。中国可以从甚于美国4倍的人口中挑选最好、最聪明的人才。

当然，全球自由市场对中美双方都有所抑制。可口可乐公司目前牢牢支配着中国市场碳酸饮料的销量。诺基亚、思科系统、IBM及一些其他企业已在中国市场上取得成功，麦当劳、肯德基、汉堡王更是大获全胜。背后的决定性因素是，中国仍然许诺给那些满足中国消费者特殊需求的企业以丰厚的利润回报。

全球其他国家的企业如何自我调节、应对挑战将在很大程度上决定着全球自由市场经济的未来。随着中国开始与外界联系，它将成为国际事务中一支不可或缺的力量。此刻，是需要清醒重估中国前进方向的时刻，也是需要深刻观察塑造中国人思维的因素和影响西方认识中国的因素的时刻。

对待中国的不同态度

西方对待中国的态度总是反复无常。一方面，美国和欧洲常因中国市场为西方提供商品和服务市场的巨大潜力而惊讶万分。在激烈竞争的国际市场中，谁能忽略13亿潜在消费者？西方企业对中国消费者的期望远不止这些。例如，尽管瑞士手表价格昂贵——每只约550美元，但出口的约2600万只手表中，亚洲人购买了40%以上。

另一方面，中国广阔的面积和丰富的能源对西方人而言是一种威胁。但中国人却从与多数西方人截然不同的角度看问题。三十年的固步自封、极度贫穷、物资匮乏已极大地压抑了中国人对大量消费品的需求。许多西方人注重闲暇时间和优质时间，但多数中国人仍热衷于奋力追赶、向前发展。同时，多数中国人的爱国之心强烈并以目前的成就而自豪。

中国国内观点

西方对网络审查及言论自由等问题烦躁不安，中国人则视目前的政治稳定及越来越多的发展机会为良性变化，这些变化基于许多中国人记忆犹新、不堪回首的过去。不是中国人不关心政治，而是现在，他们更关心迎头前进。通常来讲，他们更关心发展。对多数中国人而言，事实就是现在，未来一片光明。

比起从政，多数中国年轻人对提高生活质量更感兴趣。简而言之，中国正在改变。关于中国未来的内部争论数不胜数，但今天的争论多关于如何使中国更成功。对于任何一个想要理解中国正在发生的变化的西方人而言，把中国政府看成植根于过去的失误与错误方向之上的静止擎天柱，是大错特错的。

西方希望中国走直线方向，但是中国具有复杂的政治、文化环境。新一代中国领导人正用新思想、新举措带领中国前行，这一点清晰可见。重新认识中国，依据是非曲直，而不是过去对其的评判，这种观点对西方人而言才有意义。

历史影响

过去二百年间，中美之间的历史如同过山车般跌宕起伏。19世纪40年代后期，美国西部兴起淘金热。就在那时，中国第一批移民大规模涌入美国。在矿区工作的中国冒险家称圣·弗朗西斯科为“金山”。随着金矿区竞争的增加，中国人渐渐转向小生意，尤以饭店或洗衣店为多。随后出现了连接美国东部与加利福尼亚州的跨州铁路。铁路大王利兰·斯坦福看到了中国人的勤劳，并招募了成千上万中国人修筑这条跨州铁路。

无数爱尔兰人饱受饥荒之苦而移民美国，这与中国移民爆发式涌入不谋而合。爱尔兰籍的丹尼斯·科尔尼是工会领导也是平民主义者，他把中国人看作基层工作的潜在对手，并决定利用此事为自己所在的劳动人民党积累政治上的支持。在一次激进的种族主义运动中，科尔尼发表了如下言论：中国人对准备从事工作的工资水平要求极低，低到其他人无法与他们竞争。科尔尼及持同种观点的人一起努力，最终使美国政府于1882年颁布了排华法案。直到1965年移民法案颁布之前，该法案一直限制亚洲移民进入美国。

通常，西方倾向于将中国视为从未打算适应现代化的保守国家。然而，事实上，中国独辟蹊径，已与西方相当或远远赶超西方好几个世纪。如前所述，中国不仅发明了火药和纸张，还发明了第一个基于考试的官员选拔体系。中国哲学家与西方哲学家难分伯仲。在商业方面，中国人才是开山鼻祖。例如，中国人称圆形硬币为“钱”，硬币中央有空以便可以用绳子把它们拴在一起，早在公元前1200年便开始使用。英语术语中的cash（钱）是法语单词caisse或money box（钱盒）的演变，可上溯至公元1590

年。该词语最终指钱或盒子内部标记的价值符号而不指盒子本身仅在几个世纪前才在西方广为流传。最终，“钱”这一单词在中英文中实现了一致，只不过中国人先人一步使用该词，并在此后理解了其意义。

毋庸置疑，工业革命是中国在历史中的缺失。提出高度平衡陷阱理论的历史学家伊懋可认为，中国从未经历自己的工业革命。准确地说，是因为中国已有的农业和社会体系极度繁荣，劳动力充足，因此没有受机器工作的商业刺激。

中国最终被迫与西方军事对峙时，技术短缺使其处于劣势。19世纪中期，殖民主义瓜分中国的企图达到了高潮。那时，英国迫使中国对外国商人（其中包括贩卖鸦片的商人）开放门户，以抵消英国因过度购买中国茶叶造成的贸易逆差。英国人担心他们会因支付购茶资本而流失大量白银，从而走私鸦片、让中国人对鸦片（附属国印度储量丰富，运到中国极其简单）上瘾，这样，他们可以不再将硬通货输入中国。

19世纪中期，英国对中国发动鸦片战争，迫使中国割让香港，并使其成为西方的贸易口岸长达150年之久。英国及其他欧洲国家在中国的军事胜利，加之慈禧太后和末代皇帝溥仪（最终成为日军的傀儡）的宫廷政变，加剧了中国积贫积弱的形象。纵观中国5000年的历史，19世纪末20世纪初的历史犹如高度发达文明史滚滚前行中一次苦难却又短暂的幕间休息。

全球化灯火摇曳、渐渐熄灭

1937年日本占领中国东北以前，西方商人可通过贿赂相关官员在中国做生意。许多世界级大企业纷至沓来。其中包括标准石油公司、伯利恒钢铁公司、英美烟草集团、西门子、IBM和可口可乐。美国国际集团（AIG）于1919年成立于上海，那时甚有成为世界一流保险公司的趋势。1927年，可口可乐首次进入中国。

20世纪30年代，新兴的中国企业纷纷落地生根。最高管理人员通常为欧洲人或美国人。同时，新兴技工学校承载着培养中国新一代企业家的重任。这些企业中，有一些如日中天、雄踞一方，而中国的大部分地区只能任军阀争权而无能为力。军阀的腐败带来无法言说的贫穷，也给多数偏远农村的人口带来周期性的物资匮乏。

20世纪50年代至70年代，中国进入了西方的孤立时期。虽然中国在艰难中努力发展，却与新技术革命擦肩而过；与此同时，技术革命却对其他国家产生了深远影响。但中国并没有淡出人们的视野。拿破仑曾有一著名论断：中国是头雄狮，但只是一头沉睡中的雄狮。21世纪伊始，这一东方睡狮开始苏醒，这一点显而易见。

新丝绸之路

1978年，以邓小平为核心的新一代中央领导实行改革开放，中国由计划经济向市场经济发展。这一重大突破，释放出中国人与生俱来的创业精神，也使中国对世界敞开了大门。为确保每个人都了解此次转向，邓小平在报告中提出“贫穷不是社会主义”的主张。

邓小平的改革使中国新一代企业家的前行之路畅通无阻，同时中国向意欲在中国投资经营的跨国公司敞开了大门。廉价劳动力数量不断增加，有效地将中国转变为世界工厂，并对世界各地的经济产生了重大影响。中国自身也受到了相当显著的影响。至少3亿中国人脱贫致富，步入中产阶级行列。这一数字几乎与美国人口数相当。中国的低成本生产使得成千上万种商品进入市场。在这之前，这些商品根本无缘市场。人们也可以享受更多服务。例如，华为（中国电信网络系统制造商、巨头之一）与法国Neuf SFR（华为在欧洲的主要劲敌）牵手，共同压低了其在多数西方国家的基本服务价格，使一般消费者都能承受。

中国购买美国短期国债使中国与美国命运交织、前途相系，因而两个主要大国在国际政治中更加谨小慎微且相互承担起更多责任。

中国的改革开放使大量新技术和有关现代管理的新思潮涌入中国。对一些巨型跨国公司——通用电气、微软、路易·威登、思科——而言，中国正履行其作为全球最有活力新兴市场的承诺。

过去30年的经验表明，卷入这种新关系的跨国公司和中国本土的企业都各有优势。在中国，繁荣的老字号跨国公司主要是那些倚重开发新产品、新技术和品牌管理的企业。中资企业则不同，这些成功企业主要依赖廉价劳动力、原材料和低成本。

多数分析人士断定，中国大多企业会利用它们最新获得的利润，在各自行业的价值链上迅速攀爬，而且它们会落脚于具有“本土”优势的国内价值链。但是，我们相信，这种局势会随着比中国国内市场更为广阔的市场变化一起演变。

我们的调查显示：中国企业目前正在重写规则，中国企业正在改变世界商业体系，这些规则与新兴市场企业如何在21世纪调整自我并良好经营有关。中国第一批新兴跨国公司的经验表明：在知识密集型和技术密集型的企业领域，中国未来的企业巨头将挑战世界知名跨国公司，它们也将凭借全面的研发和快学快用的反应能力进入西方国家国内市场。

缺乏信任的全球化

21世纪，中国巨大的经济规模及政治上的跨步发展，使其成为其他国家无法匹敌的力量。长远看来，亚洲可能成为全球经济扩张的重心。据估计，到2025年，亚洲收入占据全球收入的比例有望达到49%；2050年，这一比例会达到54%。那时，亚洲才仅仅达到历史高度。1820年，中国和印度的经济收入曾经约占世界经济收入的56%。

在国际政治中，中国13亿人口的影响给人的感受与19世纪美国崛起给人的感受极为相似。20世纪德国与日本兴起，也给人同样的感受。各国人民仍能感知到中国生活水平提高所带来的影响。

例如，中国不断增加的私家车的数量对气候的影响。尽管中国已在风能、太阳能等可替代能源领域大幅投资，但并不能摆脱对传统化石燃料及核能的需求。据估计，可替代能源或许仅能满足中国15%的能源需求。因此，中国正积极寻求国际市场及外国盟友，以保证不可或缺的一次性资源供应不会中断。

这也是中国新兴跨国公司CEO努力的方向。1979年，改革开放初期，中国没有对外的直接投资。直到20世纪90年代，中国政府对外直接投资也一直很低。究其根源，主要是因为中国担心资金通过非法渠道流向国外。但中国2001年加入WTO后，一切都发生了翻天覆地的变化。中国政府愿意助国内公司一臂之力，使其具有国际竞争力，这一点是明确无误的。

对中国企业而言，吸引外国直接投资到中国是全球化的第一步。第二步是走出去，这一步现在正如火如荼地进行。中国政府已对海外投资申请的批准放权，因此，地方层面的决定得以更快出台。此外，中国商务部已基于市场机会、外国投资和税法建立了数据库。政府也提供补助，包括易于实现的低利息贷款及信用额度。

中国政策的重大利好已产生了令人瞩目的影响。2005年和2006年，中国外向型外国直接投资年均增长率不低于60%。据中国商务部数据显示，2007年前8个月，中国海外项目合同交易量累计达226.6亿美元，同比增长32.5%；新合约价值416亿美元，增长27.1%。仅中国国家开发银行股份有限公司的资产就是世界银行资产的2倍，这一点是上述数据真实性的有力证据。截至2007年8月底，已有至少23.9万名中国人在海外工作，比2006年同期增加6000人。

品牌建设曾一直被视为中国企业的软肋，如今也已开始呈现欣欣向荣之势。2007年1月至8月，中国海外设计及咨询服务营业额达1.79亿美元，增长2.8%；至少价值4.04亿美元的新合约得以签订，比2006年增长48%。2007年年底，中国海外设计及咨询服务收入累计达到19.1亿美元，新签合同交易量达31.5亿美元。

在获取全球竞争所需的设计技能和技术的疯狂努力中，中国投资者和公私合营企业正疯狂投资。

美国一些观察家高呼中国为全球化真正的冠军。威廉·欧伟伦是兰德公司亚洲政策主席，在2005年接受美中经济与安全评估委员会采访时说，中国已不甘于仅仅作为全球化的一名参与者，他已尝试将自己打造成美国的最佳搭档，促进亚洲、非洲、拉丁美洲地区（即有中国企业足迹之处）自由经济及民主政策的发展。

不管人们对中国的长期目标赋予何种解释，从纯粹的商业角度看，有一点一清二楚，即意欲寻求海外扩张的中国企业面临的最大单一挑战是使得那些已对全球化（尤其是中国在世界舞台中的角色）产生忧虑的公众对其信任。中国人具有超强的快速学习能力，今后几十年企业的成长与各行业中最佳的表现紧密相关，同样与应对地缘政治风险和外国政策密不可分。

向国际关系新模式迈进

虽然全球经济体之间的联系日趋紧密，整个社会仍存在明显区别。激烈的全球性竞争产生了当今的局面，但同样也有将我们分离的威胁。作为解决问题的工具，它有一定的局限性。显而易见，我们需要一种新模式发展国际关系。

矛盾也可以转变成机遇。中国的崛起、气候变化的威胁、世界人口的爆炸、困扰10亿人口的贫穷，这些事实都有力地刺激我们重新思考全球合作及现存的权力关系。如果想躲过这些21世纪特有的重磅事件，我们必须使中国与美国、欧洲、日本、巴西、印度、非洲的合作成为常态。

美国非常重视中国与日俱增的影响力，这对未来几十年国际事务的发展举足轻重。已有历史表明，大国财富的转移常常伴有流血事件。未来几十年，我们面临的是促进全球和谐与合作的伟大进步，还是灾难性摩擦不断所带来的退步，仍有待验证。

在地缘政治挑战面前，学会成长、快速理解、迅速自我调整、适应不同文化，这些品质使全球性的跨国公司在束缚于国内市场的企业中鹤立鸡群。在向国际企业转变的过程中，学会适应复杂多变、险象环生的环境是中国那些成功的民族企业必须克服的障碍。在本书下一章中，我们将看到，在国内市场红红火火的中国企业，已颤颤巍巍迈出第一步，并将继续在全球自由市场高利多险的水域捍卫自己的立场，并在这一过程中，重新设计“丝绸之路蓝图”。

正如我们在接下来的章节中谈到的一样，中国个体经济企业家步入世界舞台，将成为未来几十年全球企业发展中不可或缺的一部分。同时，这些企业及其竞争者都有许多有待学习的内容，且要在很短时间内掌握这些内容。

过去50年支配全球市场的那些跨国公司，已在很大程度上定义了一直沿用至今的全球竞争规则。尽管这些跨国公司相互争食，它们一直遵循同一规则——规模左右成败。

作为国际舞台上的新手，中国企业正在改变游戏规则。它们的成本结构简单、精干，在创新上能另辟蹊径。它们清楚要想赶超世界，必须另择他路。它们在规模上竞争不利，因而在速度、灵活度、快速反应上大做文章。倘若规模是西方企业的决定性因素，那么，速度则是中国企业的新游戏规则。

第二章

可口可乐、汇源果汁和中国海洋石油有限公司引发的太平洋两岸的贸易保护之战

知可以战与不可以战者胜。

——《孙子兵法》

作为世界顶级经济强国，美国和中国都可以在自由市场中将产品卖给他国，从而从自由市场经济中获得丰厚利润。自由市场在自己的“疆土”上为竞争对手开拓、稳固立脚点之势愈加明朗之时，人们对自由市场的热情却急剧下降。

在中国人眼中，可口可乐公司意欲购买中国一家饮料生产商之举便属此种威胁。中国海洋石油有限公司（中海油）意欲收购美国能源公司优尼科时，美国同样紧张不安。优尼科虽然处在艰难时刻且每况愈下，但在亚洲仍有可观的石油资源。

可口可乐与汇源果汁

可口可乐是第一批进入中国市场的大型跨国公司，其进军中国市场很长时间后，多数国家才看到了中国市场的光明前景。名为“coke”的软饮料最初是一种兴奋药剂，由药剂师约翰·斯蒂斯·彭伯顿于1886年发明。

初入市场时，这种饮料打着“彭伯顿法国可乐酒”的招牌，以每杯5美分的价格在药店销售。后来，彭伯顿对吗啡上瘾，将自己的配方卖了出去。在购买配方的几个人中，还有他嗜酒的儿子查理。1892年，原配方买主之一艾萨·坎德勒击败其他对手，建立了可口可乐公司。两年后，瓶装可口可乐上市。

乔治亚州亚特兰大市富尔顿县是可口可乐生产的“大后方”，该地出台了禁止含酒精饮料的法规，可口可乐摇身成为最佳替代品且销量大增。随后一百年，可口可乐成长为全球最大的软饮料和果汁生产商，最终成为最具实力的跨国公司之一。现在，可口可乐正在全球200个国家销售500种产品，在许多拥有可口可乐市场的国家，其财富竟不及可口可乐的全球收益。

可口可乐进军中国的漫长历史

第一次世界大战之后不久，可口可乐便在中国主要城市销售软饮料。1927年，可口可乐在天津和上海开设了最早的瓶装厂。1948年，上海成为可口可乐首个年销量过百万的海外市场。之后，因为各种原因，可口可乐退出了中国市场。

1979年，中国再次对外国投资敞开大门之时，可口可乐卷土重来，并于1981年在北京开设了一家瓶装厂。现在，可口可乐在中国境内已有35家合资瓶装厂，并控制了中国一半以上的碳酸饮料市场。

目前，中国是可口可乐继美国、墨西哥之后的第三大重要市场，且极有可能跃居第一。据可口可乐的数据显示，其在中国的供应消费，从1998年人均3罐（或瓶，容积为8盎司）飙升至2008年的28罐。在13亿人口的国度里，可呵乐的人均销售量的增长格外引人注目。

中国果汁市场

可口可乐得陇望蜀，这与它的赫赫战果一样令人印象深刻。2004年以来，中国市场的整体软饮料销量增长42%，果汁销量增长89%，因此说服可口可乐走果汁之路不费吹灰之力。汇源果汁集团是中国果汁市场的巨子。2008年9月，可口可乐企图以24亿美元收购汇源，这是可口可乐史无前例的最高报价。那时，汇源在中国非浓缩果汁市场中约占40%的份额。

1992年，朱新礼创办了汇源，其发展史可谓不同寻常。

朱新礼出生于山东省汇源县一个小村庄的农民家庭，为家中次子。朱新礼的父亲崇拜孔子，因此依据儒家思想给儿子起名。朱新礼的名字象征着“新”和“合乎礼仪”。

36岁时，朱新礼在当地一所高校攻读经济学，毕业后便在政府部门任职，所在部门负责汇源县的经济发展。1992年，他厌倦了政府工作，并要求当地领导安排自己接管本县经营最差的企业。他如愿以偿地接手了几近破产的罐头厂，当时厂里有110名员工。

朱新礼没有因工厂的破败不堪而绝望，而是到瑞士和德国考察世界最高端市场的食品包装。不久，他意识到，竞争需要先进技术。朱新礼将必要设备列成清单，设备估价约1000万美元。然而，他的工厂已近乎倒闭，根本没有资金。

于是，朱新礼与一家销售果汁的德国公司洽谈，拟向其销售果汁，并达成产量分成协议。这家德国公司会在中国设厂，并将获得新厂罐装果汁的收益。这笔交易中的重头戏是德方同意在中国安装设备。200多名德国技师工作了近半年才使公司步入正轨。

朱新礼的另一个明智之举是留下了一名德国工程师进行质量管控。这名工程师的月收入比厂内所有中国员工的年收入之和还多。但朱新礼坚信，这笔钱花得值。事实证明，他是对的。1994

年，瑞士和德国的订单开始潮水般涌向汇源。

朱新礼的下一举措是开发中国果汁业的“蓝海”。中国的茶文化根深蒂固，但多数人对盛行欧洲及美国的果汁却并不知晓，朱新礼坚信果汁现然在他国能打开市场，中国人也能迅速接受。为展开全国攻势，汇源“迁都”北京，并采用“100%中国饮料，100%纯果汁”作为标语。

1996年11月，朱新礼认为将品牌推广至全国的时机已经成熟。他通过购买广告权的方式拿公司的未来赌了一把。1997年，汇源竞标夺得中央电视台《新闻联播》后黄金广告标板位置，并在备受国人喜爱的春晚中植入广告，虽然广告时长只有5秒钟，却意义深远。广告费用超过800万美元，高于公司的全年营业额。但这一赌却极为成功，汇源瞬间成为民族品牌并成为果汁行业的排头兵。朱新礼也成功带领汇源成为中国首家在香港证券交易所公开上市的饮料企业。

可口可乐垂涎汇源

汇源成为可口可乐意料之中的收购“肥肉”。许多分析师认为，穆泰康（可口可乐2008年7月新上任的CEO）视收购之举为巩固其在公司地位的关键之举。穆泰康生于纽约，为美籍土耳其人，父亲在纽约担任土耳其总领事，他的事业始于土耳其的可口可乐公司。

在土耳其，穆泰康开送货卡车全国送货，一次偶然的机会，他从头学习了可口可乐的分销系统。后来，可口可乐在北美的市场份额日趋缩小，1985年“新可乐”的失误好比雪上加霜。穆泰康上任之时，北美市场的收益仅占可口可乐总收益的22%。

信心满满的新一代中国人将汇源视为土生土长的民族品牌，

穆泰康在试图收购汇源的过程中，对这一反响始料未及。以“本土思考、本土行动”战略征服新兴市场的可口可乐，惊觉自己正遭受中国网络博主“可口可乐化”的炮轰时为时已晚。

起初，朱新礼对是否卖掉公司犹豫不决，但最终痛下决心卖掉公司。当时汇源处于销售瓶颈，而可口可乐能使它起死回生。朱新礼还未点头，中国商务部当即否决。若交易达成，可口可乐便能垄断中国饮料市场，其他企业根本无法与之抗衡。

可口可乐会成为危险对手，这不光是中国得出的结论。更早以前，可口可乐曾试图掌控吉百利·史威士公共有限公司的饮料业务，欧洲监管机构也是以同样原因从中阻挠。虽然汇源的股东们对拒绝可口可乐一举是否明智仍一头雾水。2008年9月可口可乐报价后不久，雷曼兄弟轰然倒塌，标志着全球经济开始下滑。除可口可乐以外，汇源也处于其他对手的重重压力之下。例如，百事可乐在中国市场投资10亿美元，台湾地区的食品、饮料公司及其他公司也从四周围拢。汇源能否进一步扩大市场规模甚至维持目前水平仍未可知。

可口可乐在中国的后续努力

可口可乐收购汇源未果，穆泰康对此表示失望，但他决心履行之前的一个承诺，未来三年内在中国投资20亿美元。

2010年9月，中国天津举办了世界经济论坛。可口可乐亚太地区总裁耿卓栋在一次区域性会谈上说，可口可乐在收购失败中得到了深刻教训：在市场中必须遵循游戏规则，依据中国规则，可口可乐必须投资中国企业并实现有机发展。耿卓栋表示，收购遭拒并不能延缓可口可乐在中国扩张的步伐。“这丝毫没有影响我们在中国发展的决心。”他说。

2009年，可口可乐在中国上海建成价值9000万美元的创新实验室。2010年10月末，穆泰康在去内蒙古的途中宣布：可口可乐将耗资2.4亿美元在中国新建三个瓶装厂，这是之前公布的20亿美元扩张计划中的一部分。而这个20亿美元的扩张计划将使得可口可乐在中国的投资翻番，达到40亿美元。穆泰康在此行中向记者透露：可口可乐以人制胜，中国有世界上最多的人口；可口可乐在中国的销量将最终超过美国。

中海油与优尼科

外国公司收购重量级中国企业时，中国政府会介入并阻止交易，可口可乐收购汇源失败一案就是最好的说明。中海油收购问题缠身的优尼科石油公司的失败案例同样表明，美国也是贸易保护主义的践行者。

优尼科大多石油产自亚洲，美国仍力争为其撑起保护伞

2004年年末，时任中海油董事长傅成玉以185亿美元的竞标价格收购优尼科。优尼科是美国一家摇摇欲坠的石油公司，其总裁对收购欣喜若狂、迫不及待。

交易还未完成，一场政治性大火出其不意地引燃了。这一切皆由得克萨斯州的共和党议员乔·巴顿引起，他也是众议院能源委员会主席。巴顿上书时任总统乔治·布什，并发出警告：中国意欲封锁全球能源供应并将大部分资源占为己有，这是中国的侵略性战术，且已威胁到美国。一则报纸标题更是一语中的：中国人正进军美国石油公司！

岌岌可危的美国优尼科公司

所有抗议都集中于优尼科——美国能源市场中的小矮人身上。那时，优尼科的北美油田仅能满足美国日均消耗石油的0.2%及天然气的0.7%。

优尼科总部位于加利福尼亚州，为一家独立油气公司，在美国所有能源储量中，只占据4.47亿原油当量桶（经济学中，石油当量桶相当于一桶原油或6000立方英尺天然气），在墨西哥湾和阿拉斯加库克湾的日产量为1.36亿当量桶。优尼科9.8亿当量桶的主要储量在亚洲。

40多年来，优尼科一直活跃于亚洲地区，并在泰国、印度尼西亚、阿塞拜疆、越南等国获利丰厚。优尼科在亚洲的日产量为22.2万当量桶，而这一数字在美国仅为13.2万。

优尼科不仅在美国市场中势单力薄，依据立法，优尼科还需对管道破裂导致的有害污染物承担责任。如果这还不足以让其在美国民众心中大打折扣，那么优尼科公司形象因遭受指控而蒙污则令人却步。优尼科被控与缅甸政府滥用人权有染。这些问题加之公司内部的诸多漏洞，使优尼科的高层们认为公司在独立开发更大规模油田方面已一筹莫展。2004年，优尼科等待兼并的命运已清晰可见。

基于油价从1998年每桶10美元飙升至2005年每桶近60美元的事实，优尼科内部展开了有关迅速抛售的争论。鉴于中国、印度及其他迅速发展的新兴经济体在经济发展过程中将需要更多的石油，众多分析师、预算师及调查者预测，石油价格将很快达到100美元/桶。对于优尼科的股东而言，将股份放在一个前景黯淡的公司以期获得最大利润，几乎是痴人说梦。

中国视角

若一个国家想要在全球包揽大量制造业，那么此刻敲定未来的能源供应将大有裨益，中国在这方面的意识越来越强烈。站在中国的角度上，中海油收购优尼科正体现了这种意识。

在这方面，乔·巴顿对中国想要为自身发展获取石油的分析准确无误。但巴顿未能指出，中国之所以在海外寻求稳定的能源供应，是因为美国公司为获取中国的廉价劳动力而进行疯狂竞争。

中国企业境外扩张恰恰是因为它们只有获得全球规模的资源才能满足其面临的生产需要。诚然，巴顿也未提及美国石油公司于20世纪在全球签订协议与之如出一辙：美国制造业的运行需获得能源保证。他还忽略了优尼科的主要石油产自亚洲而非美国这一点。

随着中国制造业需求的增加，石油对中国而言愈加不可或缺。其重要性不仅在于运输燃料，还在煤炭短缺或照明中断时供应电厂。2007年，遍布中国六大区域的石油可探明储量为160亿桶。沙特阿拉伯、加拿大、伊朗、伊拉克、科威特等国可探明储量逾千亿桶。较之这些国家，中国的储量少之又少。中国的石油日产量不足400万桶，但日均消费量却超出700万桶。

中国是世界上发展最快的经济大国，年均增长率超过10%，并迅速从农业化国家转型到工业化国家。转型过程中，中国也由石油净出口国转变为净进口国。收购优尼科期间，有数据预测，2010年中国石油供求缺口将近1亿吨左右，进口石油约占到石油消耗总量的40%，几乎是现在比例的2倍。

如果按年均产量划分世界石油能源储量，世界石油资源最迟将在54年后枯竭，2008年的这一预测看似合理。显然，如果要依靠从外国公司进口石油以促进其经济增长，中国必须承担高风险。因为与外国石油公司签订长期采购合同，并不能一劳永逸。为实现自给自足，中国必须直接拥有海外能源储量。无独有偶，美国也通过优尼科公司确保自己能长期把持亚洲和中东地区的油田。即使这些油田与美国远隔万里，但美国仍视它们为自己的财产。

中海油应运而生、茁壮成长

中国能源扩张的首要举措是寻找伙伴，共同开采中国海上石油。中海油成立于1982年，负责与国外油气公司协商并合作进行海上石油开采，实施沿海油气项目，最终成为三大公开上市并对外国投资开放的公司的大股东。上述三大公司为：中海油田服务股份有限公司、海洋石油工程股份有限公司、中国海洋石油有限公司。中国海洋石油有限公司于1999年在香港组建，并于2001年在纽约和香港证券交易所同时上市。

中海油的主要经营范围在中国及印度尼西亚海域，并与外国合作伙伴之间签有大量产量分成协议。这些合同中通常包含东道国政府与跨国公司之间的特许权协议。依据特许权协议，东道国政府拥有矿物权，外国公司保留部分石油并与相应的东道国政府共享余下的石油。中海油可获得外国合作伙伴在中国沿海51%的开采量而无需支付额外费用。

中海油的全球储量为22.3亿当量桶，其中20亿当量桶在中国海域。该公司的储量替代率约为150%，其海外储量主要开采于印度尼西亚，仅为1.56亿当量桶，日产量为44000当量桶。在中国沿海，每桶油的开采费用为5.31美元，而国际标准为10.72美元。野村集团2005年的报告中指出，中海油牢牢占据了中国大量的含油可采领土。为保持储量替代率并降低国际生产成本，中海油被动地走向国际。

中海油是纯粹的勘探、开发公司，没有加工厂，这使得公司的发展主要依赖低成本基础上的高储量替代率。中海油的首席财务官邱子磊解释道："中海油是纯上游企业，因而我不得不四处寻找石油、天然气。"尽管中海油在规模上不及国内两大劲敌——中石化和中石油，中海油从成立之时便一直在全球寻找油气资源。

2002年，中海油以6亿美元买下了雷普索尔在印度尼西亚的主要资产，并因这笔交易成为印度尼西亚最大的海上石油公司。同年，中海油在澳大利亚西北天然气项目中签订了长期协议，获得了该项目5.3%的利益。2003年，中海油又在印度尼西亚唐古液化天然气（LNG）项目中获利12.5%。这一年，中海油也与优尼科、中石化、壳牌敲定协议，共同勘探、开发西湖凹陷油气，此项目位于上海250里外的东海。

中海油穆图公司是完全隶属于中海油的子公司。2004年，穆图公司与英国天然气公司达成了价值1.051亿美元的产量分成协议并获得了20.8%的利益分成。经过此次购买，中海油在穆图产量分成中的利益由44%上升至64.8%，而在唐古液化天然气项目中的利益由12.5%增加到16.9%。同年，中海油与赫斯基石油公司中国有限公司签订了第二份深水开采合同。简言之，中海油已开始了狂热的全球采购。

尽管硕果累累，但中海油在国际市场仍面临着激烈竞争。

2005年，它失去了海上开发的垄断地位，两大强敌——中石油和中石化获准在中海油曾经的地盘上开采石油。国内一些小型石油公司也跃跃欲试，试图推翻中石油、中石化、中海油的垄断。

本来一切运行如常，但中国加入世贸组织这一进程彻底改写了游戏规则。中国改变政策，允许跨国石油公司参与其国内批发与零售市场的竞争。因此，中海油既要与国内对手——中石油、中石化抗衡，又要与埃克森石油公司、美孚石油公司、英国石油公司等国际强敌在自己的地盘上较量。摆在中海油高层面前的道路清晰明朗：这个年轻的公司要么继续努力、变得更加强大，要么被国内外的对手吞噬。

中海油受命走向国际

傅成玉是推动中海油走向国际的主要功勋人物。他出生于1951年，在美国南加州大学获得石油工程硕士学位，能说一口流利的英语。除在美国深造外，他在中国石油行业已有30余年的经验。

1982年，傅成玉进入中海油，一切几乎从零开始。他所熟知的外国公司包括：阿莫科、雪佛龙、德士古、菲利普斯、壳牌。雪佛龙就是后来击败傅成玉、成功收购优尼科的公司。

在领导中海油之前，傅成玉已成功地改组了中海油两大主要子公司——中国海洋石油有限公司和中海油田服务股份有限公司。2002年8月，傅成玉晋升为中海油田服务股份有限公司的董事长。

与此同时，卫留成放弃中海油CEO一职，担任海南省省委书记；傅成玉经提拔，兼任中国海洋石油有限公司董事长与CEO两职。为将中海油打造成国际公司，卫留成已奋斗许久。他说：

“满足瞬息万变的市场需求并实现公司演变目标的唯一途径就是时刻自我调整。”英语流利、国际背景深厚的傅成玉似乎成了带领中海油海外扩张的最佳人选。接管中海油之时，他的使命是将中海油打造成世界一流的石油公司。

傅成玉上任之后，立即启动现代化方法管理公司，尤以透明经营、透明管理及实现股东利益最大化为重。在团队协作下，他成功实现了几次海外并购，并作出收购优尼科的大胆尝试。对大型跨国石油公司而言，优尼科利益甚微，但却成为中国公司迄今为止规模最大的一次海外收购。

投标开始

2004年12月开始，中海油为最终收购优尼科展开强烈攻势。此时双方还未进行细致讨论，但消息已不胫而走，各大媒体传言纷纷四起。2005年1月6日，据《金融时报》报道，中海油计划以130亿美元的价格收购优尼科，这是中国企业有史以来最大最重要的跨国收购。

然而，此时中海油还没有确定最终的投标价，因而举步维艰。董事会对是否投标仍未达成一致，这使得中海油的处境难上加难。另外，美国对中国企业收购美国石油公司极具政治敏锐性，即使较小的石油公司也是如此，中方或许没有意识到这一点。傅成玉在表明其收购目的之前，未曾预料到此笔交易如此复杂。

雪佛龙的执行总裁大卫·奥雷利后来也得知优尼科待售，感觉到一场政治风暴即将来临，于是致电优尼科总裁查尔斯·威廉姆森，请求他考虑“友好收购”。但是，如想继续玩这场游戏，雪佛龙必须立马筹备高于中海油竞标价的资金。

2005年4月，雪佛龙报价165亿美元收购优尼科。雪佛龙2004年的销售额为1553亿美元，是仅次于埃克森的美国第二大综合石油公司。雪佛龙拥有112.5亿当量桶的储量，日产237万当量桶，其全球储量为中海油的5倍，但每桶勘探开发成本（约14美元/桶）却高出中海油6美元。雪佛龙的收入逐年增加，但主要为油价上涨所致。2000年以来，其产量实际下降14%，替换率仅为18%，跌至最近几年大型石油公司的最低值。

换句话说，雪佛龙已远远落后。因此，雪佛龙需要新的石油储量支撑公司运营，否则只能坐以待毙。从雪佛龙的角度看，优尼科瞬间成为诱人的收购目标。雪佛龙不能仅仅依靠上升的油价来获取不确定的市场利润，但优尼科未开采的储量却可在一定程度上解决问题。雪佛龙已经窥出优尼科是其盘中珍馐的天机。

据雪佛龙总裁计算，收购优尼科会增加雪佛龙15%的储量，使其日产量达到300万当量桶。“雪佛龙近期产量停滞不前，因而收购心切。”德意志银行的石油分析师桑德斯表示，“雪佛龙急需优尼科的原因在于它的产量在短期内没有增长的可能，而它的竞争对手则没有这样的问题，雪佛龙深感威胁。”

2005年4月4日，雪佛龙报价165亿美元收购优尼科，并以75%的股票加25%的现金方式完成交易，其对优尼科的估价为每股62美元。此交易符合联邦交易委员会的反垄断规定，也赢得了优尼科股东的赞成。

中海油收购优尼科的原因

中海油将优尼科列为收购目标显示出其第一步棋的非凡智慧。中海油内部调查推断，随着石油和天然气价格再攀新高，购买能源资产的困难和花费也将与日俱增。中海油重点关注那些市值较低却拥有已探明储量和潜在储量的能源公司，并最终列出了几十个独立的石油公司。

其选择的四条标准如下：

1. 市值低于200亿美元；

2. 潜在储量及产量；

3. 与中国有液化天然气业务；

4. 支付能力及交易的可实现性。

依据上述标准，优尼科一跃成为最佳候选公司。该笔交易有望使中海油的产量翻番并为其增加80%的储量。优尼科在亚洲有大量资产，其中一些项目尤其吸引中国。两公司的资产正好互补：优尼科储量中有60%为天然气，而中海油天然气占其储量的比例为35%。

若收购成功，其53%的石油比例和47%的天然气比例可实现更平衡的投资组合。提高资产投资组合的平衡性，对减少商品价格的循环性变动意义重大。此外共同勘探及资金投资的协同效应是另一个积极方面。优尼科优秀的运营管理团队、精湛的深水钻探技术及优秀的生产专家会使中海油如虎添翼。

中海油收购失利的原因

尽管中海油选择了正确的收购目标，但缺乏成功必需的经验。2004年12月，傅成玉会见了优尼科总裁查尔斯·威廉姆森并与优尼科的高级管理层仔细讨论了数周。

几乎同时，《金融时报》率先披露了中海油洽购优尼科的“秘闻”，中海油的竞标价也遭暴露。这使得优尼科的股价狂涨7.7个百分点，达到44.34美元，创优尼科股票六年来的单日增长高峰，这篇报道引发了中海油与雪佛龙的竞购大战。意大利的埃尼集团公司闻讯后对优尼科也表露了收购兴趣。

中海油需要立即向优尼科提交一个正式提案或大手脚地修改原定计划，但中海油无动于衷。另外，中海油如果选择与一家美国公司协作，以避免竞购之战或许能够缓和美国对中国收购所产生的政治敏锐性，那自然是不错的选择。可惜屋漏偏逢连阴雨，中海油未能在规定的时间内正式投标。最终，中海油优柔寡断、错失良机，致使花落雪佛龙。

2005年2月25日，中海油向优尼科表示对详细会谈“兴趣浓厚”，并签署了一份机密协议：3月7日，以每股59~62美元的价格全现金收购。威廉姆森带领优尼科的一个团队抵达北京，继续谈判，将最终收购要约的截止日期定于3月30日，但中海油方面却向威廉姆森表示，中海油尚不能确定截止日期，且仍需至少几周时间确定报价。

2005年3月30日，优尼科将最后期限延期至4月2日，但中海油仍未有最终定论，并宣布将考虑“进一步讨论”。3月31日，优尼科董事会收到了雪佛龙的报价。

中海油失利的主要绊脚石是其自身的董事会。据《时代周刊》当时报道，中海油几乎所有的董事都阻止收购优尼科并抱怨对一个没有前途的公司出价过高。

在2005年3月30日召开的董事会上，四名独立董事拒绝为竞标投票，埋怨没有足够的时间全面了解整件事情且对竞标价格疑虑重重。中海油召开董事会期间，允许记者在场。媒体报道了准确的讨论细节，这令中海油窘迫不堪。然而，中海油并没有想过针对消息泄露采取措施。

2005年4月份竞标期间，尽管董事会的独立董事弃权竞标投票，最终定价仍遥不可及，但中海油仍对优尼科保持了浓厚兴趣。中海油发表声明：将继续就收购优尼科一事展开讨论，其中包括可被优尼科接受的报价，竞购大战迫在眉睫。

问题的政治维度

2005年6月22日，中海油提出以每股67美元、全部现金方式总计185亿美元进行收购。尽管中海油的全现金报价比雪佛龙的报价更有优势，但竞购能否成功仍是未知数。

同时，雪佛龙竞购优尼科已获得美国联邦贸易委员会及证券交易委员会前所未有的支持，但中海油的提案却有待美国财政部外国投资委员会的复审。该委员会负责评估此协议对美国国家安全的影响。

中海油的收购之行生不逢时，恰逢中美两国贸易失衡的摩擦愈演愈烈及中方拒绝人民币升值的关键时刻，这一切中海油理应熟谙于心。尽管傅成玉进行了反抗，但可能并未理解该交易的政治性，也未理解美国工人害怕因中国企业收购而失业及对美国在全球影响日渐下降而带来的恐惧。其实，当时并不是中国国有企业收购美国能源公司（中国国有企业有史以来最大的一次跨国并购案）的最佳时机，但傅成玉未曾觉察到此中的蹊跷。

该笔交易一夜之间成为政治问题，美国国会41名两党代表严格审查中海油的投标。他们认为，此次投标不符合自由市场交易规则，而且有控制亚洲地区能源资源及加强中国在该地区影响力的企图。

美国一些批评家认为，若美国的石油资源落入别国手中，则会导致区域及经济安全危机。美国国防部警告，中国或许会对深海钻探技术敞开国门，该技术也可应用于军事领域。据上述观点看，美国安全部声称其与外国公司共同拥有美国石油公司可能引发国家安全危机。美国国会呼吁对收购案进行更多调查，这延长了美方的复审时间，也使优尼科的股东对中海油收购一事感到风险太大。

2005年7月，来自北达科他州的民主党参议员拜伦·多尔根向参议院呈交了一份可能阻止中海油购买优尼科的议案。多尔根对外解释："情况并不复杂。优尼科位于美国境内，拥有近17.5亿桶石油。让一个外国政府拥有对美国经济和国防至关重要的战略资源，说得轻些，是愚蠢的行为。"多尔根对优尼科多数石油产自亚洲这一事实几乎没有印象。

为使人更加信服，雪佛龙在媒体前辩解，中国政府以低价贷款及补贴的形式为中海油竞标提供资金援助，这有违自由贸易原则。雪佛龙-德士古副董事长彼得·罗伯逊则以"中海油显然在进行非商业竞争，我们反对中国政府参与"为搪塞借口；同时也有人意欲将中海油与有关中国人权纪录的争辩混为一谈。雪佛龙成功地进行了游说活动，之后《华尔街日报》民意调查显示，74%的民众反对优尼科与中海油的交易。美国人越来越担心，中国收购优尼科会大大增加在东南亚地区的影响力并影响美国在该地区的利益。

雪佛龙向优尼科的高级管理层谨慎承诺，不会解雇他们，也不会减少他们的利益，反而会在交易成功后增加他们的权益。与此同时，雪佛龙却对裁减优尼科员工的动机直言不讳。虽然雪佛龙的投标价比中海油低10亿美元，雪佛龙却声称其投标更有望通过美国的监管程序。

雪佛龙动用了浩大的内部团队及外部游说团队、政策建议团队为其竞购助力。他们高呼的主要旗号是国家安全。游说团队成功地将焦点从势均力敌的两份报价转至国家安全问题。

以保守出名的安全政策研究中心主任弗兰克·加夫尼表示，中海油竞购是中国旨在最终控制全球能源资源这一长期战略计划的冰山一角。他对中国名声的恶意败坏不仅限于石油方面。他还表示曾见证一家中国企业意欲垄断稀土资源市场，稀土资源中某些特定金属元素在高磁场的制造业及各种电子元件中必不可少。

美国最主要的稀土开采公司——美国钼矿公司曾被中国一家公司收购，尽管其矿山已关停，但该矿山是优尼科的资产，也是全球第二大稀土资源矿产。

2005年7月13日，加夫尼在国会听证会上发言，“不幸的是，中国购买优尼科的能源及稀土矿产资源绝不是中国坚持的‘纯商业交易’，也不是一次孤立事件。相反，它是中国全球扩张的一贯模式，是蓄意而为、深思熟虑且寓意不利。”

加夫尼继续说，此次竞购活动以长期战略为指导，该战略包括控制战略能源资源、金属、矿产、技术——所有这些旨在优先发展民用经济，进而满足中国的军事需求。

加夫尼对中国政府支持中国的石油公司一事愤愤不平，但他却忽略了“美国政府以同样方式为美国石油公司提供大量支持并分得巨额利益”的事实，他也忽略了“老布什和小布什执政期间，大量前石油公司总裁担任政府要职”的事实。

当中海油捷足先登获得交易时机时，有一点至关重要但傅成玉未能充分理解。袭击世贸大楼的“9·11”事件刚刚平息四年，在这种环境下，任何威胁美国国家安全的建议都足以拖延官方程序而使雪佛龙闻风杀入。雪佛龙已在棒球场上大展身手之时，中海油才刚刚弄懂游戏规则。

中海油全身而退，雪佛龙坐收渔利

尽管优尼科董事会倾向雪佛龙的投标，但雪佛龙并未制止优尼科与中海油洽谈，中海油也尽力争取优尼科董事会的青睐。2005年7月19日，雪佛龙将其竞标价提升至63.01美元/股，且报价总价提升至178亿美元。雪佛龙拟以60%股票加40%现金的形式交易。优尼科董事会同意了新投标并赢得了股东的一致赞同。

中海油就是否再次提高收购价格展开辩论，但美国国会成员的反对日益强烈，中海油最终决定放弃此次竞争，并对外宣布不再投标。2005年8月2日，中海油撤回185亿美元的要约。8月10日，优尼科接受雪佛龙的新投标。美国证券银行副董事长斯蒂芬·塞利格称：**“竞购大战给我们的教训是，不仅价格重要，时机和策略同样决定成败。”**

超高的报价同样阻碍了傅成玉的计划。新加坡美林证券公司石油及天然气行业分析师特拉维亚提曾警告中海油，高价能源环境使买主远超卖主，此刻不是并购的最佳时机。特拉维亚提说，增加股东利益这一策略危险重重，发展石油、天然气业务的最佳途径是成功勘探、开发而非并购。

雪佛龙与中海油在美国竞购之战本已扑朔迷离，雪佛龙又咄咄逼人，在中国敏捷地反攻中海油。雪佛龙靠拢中海油的国内对手——中石油、中石化，并鼓励两者在中海油曾独揽一身的区域内进行海上勘探。这一招捍卫了雪佛龙在中国的主要利益并迫使中海油在自己的市场中腹背受敌、自防不暇。

孙武所著《孙子兵法》为中国最负盛名的军事战略著作，

书中列有五点制胜的必要因素。第一点为“知可以战与不可以战”。“地利”也同样意义非凡。竞标之战中，雪佛龙对抗中海油时为本土作战，占据了“地利”，美、中之间的政治摩擦及美国对中国人权纪录的疑虑为雪佛龙创造了“天时”。

雪佛龙利用熟谙地形的本土优势争取最多支持，也可将其对公众、议员、优尼科股东、优尼科高级管理层（交易中举足轻重的股东）的影响发挥到极致。封锁了中海油在中国市场中的前线之后，雪佛龙又可与中海油的国内劲敌并肩齐进。雪佛龙竞购成功几乎毫无悬念。

从纯商业的角度看，中海油的竞购之战合情合理，但中海油低估了那些可倾覆竞标战规模的情感、文化、政治因素。中海油恰如其分地强调优尼科70%的石油和天然气储量位于亚洲，而优尼科在美国的石油、天然气产量占美国消费量的比例不足1%。上述说法有理有据，但结果证明其只是整个竞购之战中的九牛一毛。

当雪佛龙将争辩焦点转移到美国政治、军事忧虑及中海油的动机之上时，中海油最初的论证突然与此毫不相干。中海油本可以邀请一家美国公司与其一起作战，这样既可以避免政治干预又可平息美国对中国公司的不安，但中海油没能准确定位与分析雪佛龙的策略，且其改变方向、调整策略以适应新挑战的动作过于迟缓。

中海油大量其他观点都未经深思熟虑。中海油承诺将优尼科在美国所产石油、天然气在美国市场销售，但优尼科在美国境内的油气产量与当地需求相比无足轻重，因而中海油的承诺毫无意义。中海油曾声称将不遗余力地保留几乎所有的优尼科员工

（其中包括优尼科美国境内的员工），却使其商业化的合并初衷遭受质疑。与雪佛龙相同，中海油竞标时保证管理团队中的高级管理层仍可在联合公司任职；不同之处在于，中海油忽略了保证高级管理层晋升并持续增加福利的承诺。

深刻教训

正如中海油发现的那样，出价越高，美国越不愿意承认自由市场。皮肯斯对《石油与天然气》调查员的回答如下：

对我而言，事情很简单，如果雪佛龙想收购优尼科，其标价应高于中国。政府无需介入交易之中。雪佛龙的套路与多数公司一样——身处困难，向美国政府求援。中国购买联邦债券，我们没有异议，也未妄加评论。在世界石油之林，优尼科只是一棵小草，这笔交易只是一时喧嚣。

速战速决、比竞争对手更快地适应新局势是中海油应该吸取的深刻教训，中海油牢记前车之鉴。早在2004年10月，中海油便将优尼科锁定为收购目标，其实际投标耗费时间比其他对手都长。中海油的致命弱点在于缺乏指导谨慎、迅速收购的管理机构。

收购国外公司时，政治因素必须从头至尾予以考虑，这是另一需要吸取的教训。无论收购方还是出售方，都需要全程与公众保持紧密关系并进行游说方面的努力，因为那样可立即获得专家的援助。雪佛龙是一家美国公司，但它仍借助外国顾问及专业的游说人士散播信息。

尽管收购优尼科败北，但傅成玉和中海油却备受公众关注。中海油尝试收购优尼科应是一个双赢命题：若中海油成功并购优尼科则为大赢；若不成功也可因此在国际市场大放异彩且为小胜。而最终，竞购优尼科证明中海油资金链稳定但野心过于膨胀。更为重要的是，此举揭示了傅成玉在国内市场与世界顶级石油霸主较量的勇气。交易失败后，中海油的市场资金持续上涨70亿美元。

傅成玉发现，至少在中国，自己已成为推动中海油冒险挑战的英雄。中海油坚定而自信的新形象使其迅速得到认同，成为新兴实力型跨国企业，同时其海外形象得到积极转变，而这几乎未花一分一文。傅成玉立刻发觉，在其他项目上展开攻势更为容易。他的经历将成为中国其他企业走向国际的宝贵经验。他的壮举也证明勇敢与创新终会有所回报。

2006年，中海油以23亿美元的现金开始了一系列在美国以外国家的收购。在第一桩收购案中，中海油在尼日利亚海上石油勘探许可中获得了45%的权益。同年，中海油非洲有限公司就肯尼亚六大区块签署了产量分成协议。2008年，中海油尝试收购俄罗斯秋明—英国石油公司（TNK-BP），但因俄政府反对而失败。

2008年7月，中海油的石油服务分支——中海油田服务中心耗资25亿美元购买挪威海上石油钻井公司Awilco Offshore，该公司的石油钻井船队位居世界第八名。这标志着中海油继收购优尼科失败后收购西方石油公司的第一次大捷。这一年，中海油对外公布的年利润近100亿美元，总收入同比增长22%。

同时，傅成玉恍然大悟，若时机正确，他也可以在美国获利。中海油就中国南海的石油开采与雪佛龙和英国石油公司签订了产量分成协议，并买下了切萨皮克能源公司1/3的石油与天然气资产。切萨皮克能源公司是美国第二大天然气开采商，总部位于得克萨斯州。

中海油成功购买切萨皮克能源公司，后者承诺为前者提供深海钻探等先进技术，致使许多曾经阻止优尼科收购案的保守人士对中海油甚为反感。与五年前的失败收购截然不同的是，中海油宣布收购切萨皮克能源公司时，多数分析师预测中海油将获得成功。唯此一次，时机成熟。没有其他买主与中海油竞争，也没有媒体泄露信息。

最终，中海油从收购优尼科的失败中收获丰厚。能源是关乎各国经济发展的重要因素，因此，政府参与及国家安全顾虑不可避免，这或许是最为重要的教训。所有收购策略必须权衡，所有敏感因素必须考虑，方可成功。

政治压力是石油问题中不可回避的事实。一个国家在别国领土购买石油资源被视为一种投资，也有可能被视为侵略。石油领域是存在这种逻辑的唯一领域。第三章，我们将继续讲述政治及国家安全利益对高科技市场的影响。

第三章

华为：技术指导，政策助力

农村包围城市

——毛泽东军事战略之一

2010年11月初，中国华为技术有限公司惴惴不安地等待着其对斯普林特公司（Sprint）升级无线网络的投标结果。斯普林特是美国最大的电话公司之一。

在全球50强电信公司中，45家使用了华为生产的最先进的电话交换连接装置，其中包括BT（英国电信）、Orange（法国电信的一部分）、西班牙沃达丰、西班牙电信公司及荷兰皇家电信（KPN）。

同时，华为也是涉足西欧及环太平洋地区大量新兴市场的电信供应商。这些业务为华为带来每年约300亿美元的全球销售额。华为拥有6万多名员工，近一半员工从事产品研发工作，其已成为国际舞台中越来越闪亮的“明星”。华为欧洲业务总裁邓涛说：“以前，我们主要在北京、上海招兵买马，但现在，我们重点在纽约、伦敦、巴黎、加拿大、澳大利亚招贤纳士。”

从后门潜入市场

倘若不是华为在海外的名气越来越大，它只能从后门潜入美国市场。尽管华为在美国的年销量悄然达到4亿美元，但其业务只限于中小型企业。但该领域的主要角色——斯普林特、AT&T

（美国电话电报公司）、威瑞森及华为签署的高端合同却能打破上述限制。美国从未正式宣称禁止华为进入美国市场，但每次华为努力争取大型交易时，美国政府都会通过谨慎的电话形式警告那些华为的潜在客户：若与中国企业合作将失去美国政府最有价值的合约。

2009年，思科公司销售额为361亿美元，是华为的头号劲敌。思科已进驻中国市场并生产其设备数年之久，这使华为屈辱不堪。思科是生产第一代可供中国用户上网的设备——中国防火墙的主要公司。华为的支持者表示，除非看两个公司所持股票，否则很难看出它们之间的不同。

2010年，华为与斯普林特之间的交易遭到反对。斯普林特招标之时，华为已体验了美国对中国的政治敏感，尤其是来自那些冷战思维牢固的共和党及美国右翼政治组织的政治敏感。

2000年，华为置国际制裁于不顾而意欲向伊拉克政府出售一台通讯设备，这使得美国中央情报局勃然大怒。华为的创办人、董事长任正非也因此成为炙手可热的新闻人物。从此以后，美国政府常以外交政治利益为名打压中国华为。

尽管美国仍是世界唯一的超级大国，但已不能在国际政治中一手遮天。新兴市场国家——尤其是中国和印度——尽管仍缺乏自我制定政策的力量，但却在否决他人政治计划中越发有力。对任正非这样的商人而言，世界只是突然变得错综复杂。

华为、3COM、思科：定位全球品牌

3COM公司在开发无线网路由器、交换盒（保证电脑同时入网设备）方面牢牢占据美国市场的领先地位。2002年，华为与3COM建立合资企业。尽管3COM在开发技术方面遥遥领先，但却跟不上市场快速变化的节奏。

合资企业计划在杭州生产网络路由器并销往美国。3COM公司成立于1979年，1994年进入中国市场，为全球中小型企业提供创新型网络解决方案。

1995年，3COM公司已在全国编织了广泛的销售网，但中国对手的赶超使其市场份额日渐萎缩。任正非会见3COM公司CEO克拉弗林商讨建立联盟之时，3COM公司已将员工从10000人的顶峰削减至3400人。业内观察者确定华为想要获得3COM公司的技术，但3COM公司人才尽失、资金压力如层层高山，且能获得华为的技术和举世无双的研发能力，3COM的收获远比付出多。

任正非则希望用一个举世公认的品牌带动华为产品，使华为产品更加吸引美国与欧洲客户。然而，最为重要的一点是，任正非与克拉弗林彼此吸引、互相倾心。

思科反对

2003年1月23日，全球互联网设备领跑者——思科公司对华为提起诉讼，华为与3COM的合资企业身陷困境。思科控告华为抄袭其软件并在用户手册中抄袭其一些术语而侵犯思科知识产权。

华为立即将涉嫌抄袭的产品撤出市场，但思科又控告华为试图销毁证据。任正非怀疑思科本意不在几行软件代码，而在与一个中国公司展开拉锯战，这个中国公司拥有成千上万名才智超群、渴望成功的员工，并心甘情愿在美国低薪工作。

那时，早在1986年便开始生产网络路由器的思科已牢牢坐稳了该领域的头把交椅。在中国网络路由器市场中，思科也占据了68%的份额，而华为仅占有13%的市场份额。中国市场中，将华为推向国际的压力对思科而言也异常巨大。2002年，思科在中国的销售额占据了其总销售额的5%，但这种局面还能持续多久仍不为人知。

思科起诉的依据是华为一些软件中抄袭了其几行代码。华为反驳自己拥有10000余名工程师，无需抄袭他人的软件。思科公司想要证明华为的抄袭行为却困难重重。最终，华为承认2%的路由器软件抄袭思科，但华为坚持声称代码为一员工在高级管理层不知情的情况下偶然引进的。这场官司以和解告终。然而，对华为而言，这场官司与华为和3COM日益交好不谋而合，是思科决心将华为挤出美国市场的一个信号。

3COM出局

华为终得以与H3C（华三公司，华为与3COM的合资公司）齐头并进。不久，3COM便游刃有余地从企业发明者转为美国市场中中国产品的销售商。合资企业中，华为员工有1000名，而3COM员工只有50名。两年后，3COM买下了华为在合资企业中的所有股份。

3COM前景日益黯淡，贝恩投资有限公司报价22亿美元欲将其收入囊中。华为在竞标中无足轻重。8名共和党议员指控，收购3COM有让中国获得3COM公司旗下的防黑客入侵软件之风险，交易被迫中止。最后，议员威胁要通过立法宣布取缔销售案。

从华为的角度看，收购3COM失败一事传达出清晰的信息：阻止华为在美国市场争食：双方已从尚未定论的侵犯知识产权控告转为民族爱国主义问题。如果不能在价格上具有竞争力，那么就会增加美国人民对民族安全威胁的怀疑。人类最为有力的本能之一是止阋于墙内，共御其敌。这成为阻止华为进入美国市场的最锋利的工具。

国家安全及与外敌的较量

2008年，华为力争与AT&T签下合约，反对人士毫不犹豫地掀起中国对美国安全构成潜在威胁的浪潮。这一次的合约价值仅为10亿美元。据《华盛顿邮报》记者庞福瑞报道，旷日持久的谈判即将结束之时，美国国家安全局私下以收回美国政府与AT&T之间利益丰厚的合约威胁AT&T撤销与华为的协议。

美国国家安全局也是暗中监察他国尤其是中国电话及电子通讯的情报机构。AT&T以有足够理由确保华为设备使用安全为由进行抗议，但随后便不再挣扎，而是与瑞典爱立信公司及法国阿尔卡特朗讯签订合约。

2010年夏季、秋季，华为转而为拿下斯普林特的合约过关斩将。该合约利润更丰、分量更重。然而，一些公司以80亿美元竞购合约，而华为的竞购价据传只有区区30亿美元。

威廉·欧文是美国国防部参谋长联席会议前副主席，于2009年6月创办了Amerilink电信公司。华为聘请了Amerilink电信公司为其在美国云谲波诡的商海中保驾护航。华为是Amerilink首位也是唯一一位客户，欧文希望自己在参谋长联席会议的余威能帮助华为渡过难关。

欧文威信极高，但他并不满足于此。他雇用了世界银行前行长詹姆斯·沃达芬森及众议院少数派领袖理查·哈普特与他的团队同舟共济。Amerilink公司CEO及许多执行官都曾为美国主要电信公司（特别是斯普林特）效力。

聘请Amerilink公司的投资足以确保华为跨过首个门槛跻身竞购公司的前六甲，但却无力摆脱中国军方试图利用华为这一机遇进攻美国国防的嫌疑。阿尔卡特与三星最终拿到合约，其投标价远高于华为。

尽管华为对结果并不满意，但并未沮丧气馁。华为泰然自若地表示：华为从来没有以军用目的研究、开发、制造或出售技术和产品。中国政府的反应则少了几分镇定。对外经济贸易大学中国WTO研究院主任屠新泉表示，美国的反应极不理智且言过其实。

隐藏在华为背后的信息有迹可循。尽管美国民众对自由市场大加赞扬，但与美国政府的商业合作总是充满政治性，正如古老谚语“爱与战争之中人人平等”那样，“全球商战之中人人平等”。跨国公司间的商战更是冷酷无情。

在中国向市场经济转变的浪潮中，任正非及其他中国私营企业创业者们早就该从国内市场的艰难求生中吸取教训。在随后的全球通讯市场战争中，任正非曾怀疑自己的装备是否比美国强敌更为齐全。那些美国强敌越来越依赖与美国政府签订的合同，并以此维持生计；同时在交易资源不足之时，越来越多地请求政府干预。

华为的漫漫长征

选择这条道路且行至及此，令任正非振奋不已。任正非曾是中国人民解放军的一名干部，担任过解放军信息工程学院（培养部队通讯研究人才的技术学校）校长。1984年，任正非从军官职位退役，到深圳一家国企——深圳电子公司上班。4年后，他从一家国有银行贷款850万美元创办了华为科技公司，当时厂内只有14名员工。

中国电信行业的变革

1988年，任正非创办华为之时，正值中国电信行业大变革。自辛亥革命以来，电话系统一直由国家融资、国家掌控，其运营部门为隶属于邮电部门和电子工业部门的邮电局。电信行业变革的目的是提供电话服务、助力全国经济发展，而非从电话服务中获利。当时，约九成资金由政府承担，实际用户只承担一成费用。

1979年，个体工商户可在中国合法注册。1982年，中国开始开放电信市场。起初在电信行业没有立足之地的非国营私企也可与国有企业角逐，且大受欢迎。电信行业也逐渐由非盈利转变为盈利性质。为保障电信行业的快速扩张，政府鼓励电信运营商借款并许诺将来实现行业利益化。

政府又为这些人提供了贷款，以促进其加速行业发展。因此，这一行业一时间群雄逐鹿，有如华为科技、大唐集团、ZTE（中兴半导体股份有限公司）等地方企业开始雄踞一方。

1990年到1993年间，电信行业收益增长了3.5倍，用户数量增长1倍多，达到1730万。居民用户数量从不到200万户增加到940万户，移动电话用户增长354%，网络及电子邮件用户同样飙升。1993年，中国光纤干线网总长度达到12000千米，比1990年增加645%。

为节省购买国外设备的成本，邮电局设立了大量国有分支企业，从事当地设备的生产。这些企业中有许多经营不力、产出设备不合格，其中一半濒于破产。1993年，邮电局对国内私人电信企业开通9项电信服务，以便向该行业引进一流技术。

中国不允许外国公司独自拥有、管理或运行国内电信体系，除非急需购买外国技术以增加中国公司的研发能力，或通过协作引进先进生产技术。通过与中国企业合作而进入这一行业的外国企业包括：阿尔卡特、摩托罗拉、西门子、北电网络、爱立信公司。最大的国内企业则包括：ZTE、大唐、巨龙通信以及华为。

从地方电话交换机到先进网络

华为采用的策略是既在销售外国设备上努力，又在技术研发上下功夫。为使企业维持运转，华为从香港买进电信交换机并在地方销售。没过多久，竞争便随之而来。仅深圳便有100多家企业与任正非争夺市场。

但任正非很早便意识到发展自己的技术是创造持续利润的关键。自成立以来，华为在研发方面的投资额占收益的10%以上。不到一年内，华为便设计、生产出自己的用户交换机（BPX）产品，并在市场销售中一路凯歌。而那时，近200家国内企业正应旅馆、采矿作业及小企业之需生产电话交换机。当时的一般交换机可处理2000个连接，可信度最高的仍是国外跨国公司的产品。任正非想制定更高目标，但华为却因研究中的大笔投入而捉襟见肘。历经多家企业的倒闭，当时，很多银行更不愿意向私营企业发放贷款，这对华为而言，无疑是雪上加霜。

任正非坚持勇往直前。1994年，费尽九牛二虎之力弄到资金后，任正非计划生产第一批超万门的C&C08交换机，其处理连接的能力是其他产品的5倍。生产交换机耗资1000多万，任正非这一赌正值中国政府大规模推广更快速的电信通讯私营企业、民营企业时刻，因而值得投资。

华为并不满足于仅仅生产交换机，其下一举动便是建立信号转接点（STP）。STP为窄带电话系统的重要组成部分，那时主要是几个大型跨国公司的盘中餐。鉴于阿尔卡特、北电网络等洋巨头牢牢把持中国主要城市的电话网络市场，任正非决定改弦易辙，主攻对手们因偏远、欠发达而未涉足的市场。

从某种意义上说，任正非的策略类似围棋，即从四周包围目标，最终一举消灭。毛泽东的战略中也有这种思想，并将该战略称为“农村包围城市，最终夺取城市”。任正非一反行业巨头之道而行，到他们并不看好的地区攻城略地。

爱立信派遣三四名销售人员与黑龙江省官员谈判时，华为则有200多人前行。在外国公司无法提供的快速、可靠服务方面，华为也作出非凡努力。1996年，华为在银川生产出第一台STP配置。邮电管理局仔细检测了华为配置的运行状况，检测证明华为的配置与外国产品实力相当。不久之后，几乎所有省份都与华为签署了STP配置购买协议。到2005年，华为已占据了中国1/3的市场。

许多中国公司为复制西方产品并以低价销售而沾沾自喜时，华为却将触角延伸到技术研发方面。2002年，全球电信市场一片低迷，多数公司缩水，但华为却将研发投入增加到收益的17%。

到2005年6月，华为已建10所研究机构并与德州仪器、微软、太阳微系统公司、摩托罗拉、IBM（国际商务机器公司）、英特尔共享技术。华为每天平均研发三种专利产品，并对最优秀的设计工程师发放奖金。不久，华为便在专利数量方面晋级首位，遥遥领先于中国其他企业。

华为明确地将电信行业的全球巨头视为目标，立志追赶并超越目标。同时，任正非格外重视生产满足客户需求的产品。

华为走向国际

尽管华为已在国内市场风生水起，但任正非意识到，公司必须继续扩张，否则只能坐以待毙。事实上，任正非一直不能释怀的是华为无法跟随国际市场共同飞速发展。早在1996年，华为便试探性地将产品销往国际市场，主要是巴西、南非、埃塞俄比亚、南斯拉夫等发展中国家。华为的主攻点一直是中国国内，但任正非逐渐意识到国内市场已趋于饱和。

俄罗斯是华为意欲销售产品的最大国外市场，但华为却受到了理所当然的质疑——中国企业华为公司想要摸索俄罗斯的技术。在俄罗斯人的质疑面前，任正非邀请潜在客户飞往北京、深圳、上海实地考察。尽管任正非对俄罗斯客户不懈努力，但一直没有佳音。1999年，华为与也门、老挝做成了第一批重要的国外生意。2001年，任正非针对俄罗斯客户的付出终有所回报。华为与俄罗斯政府签署了上千万美元的ASM设备供应合同。

2002年，华为海外扩张已势不可挡。尽管全球网络泡沫破裂已有两年，华为的销售额却增长22亿美元，其国内市场份额每年缩减21%。国内市场已呈饱和的迹象愈加清晰。华为的海外销售额仅在5亿美元上下，约占其总销售额的18%。任正非认为全力以赴出征国际市场的时机已到。

2004年，华为踏入国际市场仅两年，其国际销售额已占到公司总利润的40%。对华为而言，美国看似是拿不到重大合约的唯一禁区。

华为的海外战绩

1993年，华为在硅谷建立了研发中心，研发集成电路片的生产。尽管如此，华为仍在进入美国市场方面小心翼翼。然而，华为在美国以外市场的成绩却异常骄人。2005年，华为已为世界电信50强企业中的30多家供应通讯及网络交换设备。英国电信公司将华为归在其21世纪最钟情的八大网络供应商之列。华为的销售总额虽然只占电信市场领军企业——思科公司的17%，但华为俨然已具备全球竞争者的资格。

华为在欧洲市场的重大突破是与Neuf Gegetel公司达成交易。现在，Neuf Gegetel仍是法国最大的固网电信运营商及全球第二大电信供应商SFR旗下的一家公司。2001年，Neuf着手为全法国提供极具竞争力的宽带网络。华为争取最后投标机会时，Neuf已拟定了最终的合作生产商名单。Neuf的CEO米歇尔·保兰对华为的廉价报价印象深刻，更为华为的决心深深打动，但保兰也担心远在地球另一端的华为能否及时到欧洲交货。

为打破坚冰，华为提出承担建设部分网络并运营三个月，Neuf的工程师可以随意检测评估。华为凭此赢得合约并最终成为Neuf战略中不可或缺的一部分。Neuf制订了低价竞争策略与其法国对手Orange争夺利润。Neuf毫无悬念地从40千兆比特向100千兆比特升级其系统，华为则顺势高居其他对手之上。

Neuf的商业策略多以最简单的界面为主，其对象为那些易混淆电脑技术与手机技术的法国客户。华为总是愿意倾听Neuf的需求并按需生产，保兰对这一点最为感动。

华为的灵活应变、积极主动并非偶然。自成立以来，华为便特意雇用当地人才，而非仅仅重用中国执行官。华为把许多硬件安装及一些服务外包给当地合作伙伴，但高质量一直是其雷打不动的原则。Neuf负责网络部的弗朗索瓦·保卢斯说："第一次见到华为时，我们认为一家中国企业无法与西方企业匹敌。现在看来，我们判断错了。华为的技术更先进，而且价格便宜30%。"

华为进军美国市场

精益求精的追求并没有将华为推向为美国一流电信网络提供尖端设备的冠军宝座。美国政府的反对有效地扼杀了华为与斯普林特的交易，但华为执行官们并未心灰意冷。华为美国公司总裁陈朝晖在华为制订长期战略协议的最后期限内，接受《华尔街日报》采访时表示："我们并不急于赢得任何重要项目或大型项目。"

事实上，任正非打算在征战美国市场时使用的也是他当初征服中国市场的战略：围棋策略适用于那些起初势单力薄，并逐渐围拢目标直至身处明处、无处可藏的玩家。这一次，华为不再"农村包围城市"，而是在美国之外签订了几乎所有的电信系统协议。华为认为，只要华为还像以前那样重视投资研发与创新，即使美国是强大的劲敌也会别无他选，最终只得敞开大门欢迎最佳技术。

在竞争日益加剧的市场中，其他企业纷纷夭亡，但华为却在任正非的带领下幸免于难、茁壮成长。发展自己的技术是他对华为最为重要的决策。这一政策使华为不定时地遭遇现金拮据，但却使华为在与时俱进的市场中占据了科技高地。

如前所述，在企业发展过程中，任正非沿用了毛泽东“在农村发展实力、逐渐包围城市”的战略。任正非创业之初将成百上千名销售人员分配到中国的内陆省份，这些地方都是有名的跨国公司不屑尝试的市场。随着企业发展，任正非又将主力派遣到发展更成熟的城市地区。任正非在不同轴线上实行相同策略，并以相对基础的技术使华为远近闻名。

随着企业不断发展壮大，任正非的主力军又到更繁华的地区作战。征战美国市场时，华为设计并高效生产手机及其他消费类电子产品，在几乎除美国以外的各个市场销售最先进的网络设备，华为因此而名声大振。华为的技术日臻成熟，任正非感觉到美国市场或许会欢迎他加入。华为的感觉是市场对自己有利。

从某种意义上说，曾是军人的任正非实践了孙武的另一条军事计谋。《孙子兵法》有言：**“夫兵形象水……水因地而制流，兵因敌而制胜。”**华为将这一计演化为一切为了顾客。华为在法国市场中的大捷则表明，华为同样注重利用创造性的建议，比对手反应更灵活、发展更快。

但是目前为止，华为最显著的优势是在研发中大笔投入。本书第四章将讲述良好的管理可使经营不善的公司扭亏为盈，但技术迅速变革时，即使最好的企业也会因依赖他人技术而命运叵测。

第四章

TCL兼并汤姆逊——李东生的诺曼底登陆

中国要成为世界强国，我们必须要有我们自己的跨国企业。我们要成为第一个敢于吃螃蟹的人。如果没有敢于成为先烈的勇气，你也不可能成为先驱。

——TCL董事长李东生

2006年7月初，李东生面临着24年职业生涯中最为艰难的抉择。TCL国际控股公司董事长刚刚宣读完麦肯锡咨询公司对TTE（TCL—汤姆逊电子公司）欧洲公司所做的财务评估。TTE欧洲公司一年前损失6000万欧元，此刻的预计损失为2亿欧元。麦肯锡的报告一针见血、残酷无情：

1. 销售组织过于庞大，费用过高，对现有的企业规模而言并不高效。

2. 供应链和生产线不能应对市场变化。

3. 分公司连续两年亏损，且亏损额度很有可能增加。

麦肯锡提出两种解决方案：宣告破产并注销两年内投资的1亿美元或重组并重新注入1亿欧元以维持企业运转。

李东生要做出艰难的抉择。

李东生的晋职之路

中国“文化大革命”时期，毛泽东提出知识青年上山下乡，号召城市青年到农村学习。李东生被分配到广东省一个农业合作社学习三年。他白天干繁重的体力活，晚上埋头苦读。读书也从此成为他一生的习惯。

1977年10月末，邓小平实施了改革开放政策。邓小平的首要举措之一是恢复1965年以来终止的高考制度。至少500万名考生参加了考试，其年龄从13岁到37岁不等。这是中国现代史上竞争最为激烈的一次学业考试。500万考生中只有不到5%的人可被大学录取。进入大学的人则被普遍视为那个年代最优秀、最聪明的人。李东生便是其一。

1982年，李东生从华南理工大学毕业，获得电子工程学士学位。毕业后，他很快在一家小型盒式磁带厂找了一份工作。2004年，《财富》杂志将李东生评为“亚洲年度经济人物”。李东生以技术员身份加入的那个默默无闻的小工厂已跻身中国最大的消费类电子产品企业，改头换面为“TCL”，李东生则是TCL的董事长兼CEO。

TCL的雄心壮志在中国市场无限蔓延，其步伐已走向全球。2005年，TCL一跃成为集团公司，旗下有三家分公司：TCL集团、TCL多媒体科技和TCL通讯科技。

从无名小卒到支柱产业

1981年，惠阳电子工业公司从惠州市政府贷款600美元设厂。一年后，李东生进入这家小型盒式磁带生产厂，开始攀登事业之峰。那时，中国经济已开始飞速发展，李东生及同事们分析电话可能是下一个风靡全国的产品。1985年，李东生被任命为TCL通讯设备有限公司（与香港投资者合资的一家企业）董事长。1986年，TCL商标得以注册。1989年，TCL成为中国最大的电话生产商之一。随后两年，TCL建成全国销售网络及服务网络。

TCL之后又与总部位于香港的惠州金视听电子有限公司建成合资企业。1992年，该合资企业生产出第一台彩色电视机。1993年，TCL在深圳证券交易所上市，上市资金为1000万美元。虽然惠州市政府仍持有TCL80%的股份，但TCL在深圳上市使其成为中国第一家公开上市的电子企业。1996年，TCL一举兼并了香港陆氏电视生产公司，拉开国际并购帷幕。1997年，TCL重组为TCL国际控股有限公司，李东生兼任董事长和CEO。

李东生作为掌门人期间，TCL卷进国内收购狂潮。1997年，TCL与河南美乐彩电实现强强联合；1999年，TCL兼并内蒙古彩虹电视机厂；2000年又收购无锡红梅电视机厂。TCL收购的这些企业中，多数濒于破产。尽管这些公司缺乏核心技术，但通过合理的营销、分配、价格控制仍可确保这些公司盈利。TCL也开始闪耀光芒、引人注目。

1995年至1996年冬，TCL举资450万人民币设立“TCL—郎平中国女排基金会”。1981到1985年间，女子排球队在世界锦标赛中实现五连冠，因而排球风靡一时。TCL乘排球之风，签约了一名著名女影星为其做电视广告，广告在全国播放。一个月内，TCL的大屏幕电视便主宰了市场。2000年，TCL已成为中国最大的电视生产商之一。

1999年，TCL国际控股有限公司在香港证券交易所上市，筹得1.28亿美元资金，用于公司迅速扩张。2000年，TCL踏入越南、俄罗斯投资，同时开展基础设备制造业务，为飞利浦、汤姆逊、松下提供服务。TCL品牌电视机已销往南非、南亚及中东地区。

TCL产品在新兴市场国家销路大畅，但却因针对中国电视生产商的反倾销税而在美国及欧洲遍地黄金的市场中吃了闭门羹。2002年，TCL将11%的股份转手12个战略投资商，东芝和飞利浦也在其中。2001年，TCL并购飞利浦米罗华品牌失败；2002年，TCL并购德国一家破产的电子企业——施耐德电气，杜阿尔及施耐德品牌、加工厂、销售网络也一并购得。

2003年，TCL销售了1150万台彩电。TCL占据了中国18%的市场，同时攻占了14%的越南市场、8%的菲律宾市场，印度和巴基斯坦的重要市场份额也归入TCL囊中。通过并购和扩张为TCL平衡大幅增加的产量与利润提供了保障。

TCL是中国唯一一家从1998年到2003年持续盈利的电视生产商。据报道，2003年前三季度，TCL在42亿美元的销售额中获利1.69亿美元。那时，TCL名列中国电视机、手机生产商第一名，位居中国大型电子企业第四名。

但是TCL并未自满不前，而是立志成为“世界一流企业”。李东生意识到，必须使TCL成为真正的市场型企业，才能实现“世界一流企业”的目标。2004年1月，TCL宣布在深圳证券交易所A股上市，并筹集3.3亿美元推动公司进一步扩张。（另外，惠州市政府持有的股份跌至25%，公司38%以上的股份为公众持股。战略投资商持14%股份，李东生持股6%。）

李东生认为，若能使TCL模式正常运转，则很有可能成为其他国有企业借鉴的模式。他已然开始觉察到更快发展、更多获利的压力。

中国的电视市场

1978年，中国电视市场需求旺盛，但1995年却转为买方市场。20世纪80年代初期，富裕的中国家庭都有一台九英寸黑白电视机。那时每个人都想拥有电视，但必须有关系才能买到。1985年，中国的电视机转黑白为彩色，电视生产厂的数量瞬间激增。国内300多家电视生产商瓜分市场利润。东芝、三洋、松下、飞利浦等国外品牌也占据了高端市场的重要份额。

1990年至1995年间，中国电视生产商在阴极射线管（CRT）技术中向前迈进了一大步。长虹、TCL、海信、创维、康佳、熊猫、海尔等地方品牌控制了中国国内电视市场约90%的市场份额。但中国品牌始终不能渗入美国、欧洲和日本市场，这令他们备感懊恼。

1999年，中国国内电视市场已饱和，这驱使着电视生产商进行恶性竞争、大幅削价。许多电视生产商为国有企业，由当地政府控制，这使得中国电视市场的局势更加盘根错节。通过联合，其中一些企业或许能复活，但各级政府的政治考虑却使联合之举无从施行。电视生产商不断亏损，每台电视机的利润不断缩减，因而它们鼓励消费者以旧换新或每户多买几台。

生产商们在激烈的生存斗争中对国际市场的拓展寄以厚望，年均购买1000万台到1500万台电视机的欧洲市场尤为诱人。然而，欧盟1998年开始对中国电视生产商进行反倾销税调查，将中国企业拒于欧洲门外。1999年11月，欧盟对中国产品征收44.6%的关税。美国贸易委员会对中国以成本价或低于市场价的价格倾销彩电提起诉讼。在处理官司时，美国步欧盟之后尘，对中国产品征收的关税税率从28%到46%不等。

李东生决心使TCL在十年内跻身世界500强企业之列，为此他必须提高10倍多的电视销量。要实现这一目标，唯一途径便是增加其在国外市场的销量，即与欧洲企业结成联盟攻进欧洲市场。与国际企业在对手领土中抢食步步惊险，这一点，李东生了然于胸；但他同样坚信，TCL若不走向国际，则凶多吉少。2003年7月，李东生会见欧洲电子公司汤姆逊（Thomson）总裁查尔斯·达哈利，洽谈结盟一事。

汤姆逊发展史

1879年，工程师艾利胡·汤姆逊和发明家埃德温·休斯顿联手成立了汤姆逊—休斯顿公司，其总部位于美国，在欧洲和南美都有分公司，汤姆逊的历史由此展开。1892年，汤姆逊—休斯顿公司兼并托马斯·爱迪生的公司而成为通用电气公司（GE）。第二年，通用电气的姐妹公司——汤姆逊-休斯顿法国公司于巴黎落地建成，成为现在汤姆逊公司的雏形。

1929年，汤姆逊并购法国Etablissement ducrete公司，开始涉足收音机及电视机领域。1987年，汤姆逊买下美国无线电公司（RCA）和通用公司消费电子部门。一年后，汤姆逊消费电子公司面世，1995年更名为汤姆逊多媒体，2002年简化为汤姆逊。2003年，汤姆逊成为了法国国有企业。

1996年，汤姆逊消费产品部门报道亏损5.4亿美元，1996年以后也是一直亏损。法国政府意欲将其卖给大宇（韩国轿车品牌），并以大宇承担汤姆逊10亿多美元的债务为交换条件。法国工会从中阻挠。1999~2002年，汤姆逊的全球市场份额由20%跌至13%，欧洲市场份额则由9%缩至7.4%。2003年第三季度，汤姆逊消费产品收益同比下降12%，由2002年的11亿美元降至8.596亿美元。当年，汤姆逊的电视生产共损失1.3亿美元。

汤姆逊公司在欧洲及美国市场分别以汤姆逊品牌、RCA品牌销售产品。欧洲市场中，汤姆逊品牌不敌飞利浦、索尼、三星、LG。尽管RCA仍是美国的知名品牌，但却逐渐变为“老年人才看的电视”。

汤姆逊与CRT技术相关的专利有34000项，CRT电视机又称阴极射线管电视机，然而平面电视的发展使其显得日益落伍。汤姆逊把前途押在微型显示器及背投电视上。汤姆逊的一叶障目使其忽略了PDP（等离子显示板）、LCD（液晶显示屏）、OLED（有机发光二极管）等新技术。

与之相反，日本的一流高端电视生产商——索尼、夏普、松下、东芝、日立——已计划分阶段加工阴极射线管生产线。日本甚至开始在全球范围内降价处理CRT电视机，以避免过量存货。最早的CRT电视机生产商汤姆逊此时正在寻求突破口，但法国工会坚决抵制变革，使汤姆逊“探口”之路难上加难。

2003年11月4日，汤姆逊与TCL签订谅解备忘录，一起建立合资企业TCL-汤姆逊电子（TTE）。两大公司都需寻求合作伙伴是分析人士长久持有的观点，公司合并大受市场欢迎。TCL渴望获得新技术、品牌及国外扩张所需的销售分配渠道。汤姆逊则需要一个低成本的生产基地或走出电视市场。兼并消息一经曝出，汤姆逊股价立即上涨14%，达到年度新高；TCL股价上涨24点，创三年之高峰。

交易始末

波士顿咨询公司、摩根士丹利咨询公司为TCL出谋划策，麦肯锡、荷兰银行则为汤姆逊献谋献计，最终双方同意建立价值5.6亿美元的合资企业，TCL多媒体技术将持有大部分股份（67%），而汤姆逊控股公司持小额股份（33%）。TCL任命2/3董事会成员，其他1/3由汤姆逊定夺。TCL提名CEO、CFO（首席财务官）、中国业务中心主席，汤姆逊负责确定欧洲及北美分公司总裁及副CFO人员。依据协议，双方需将各自的电视资产移交至TTE。

汤姆逊需将大部分电视生产设备及销售网络投入TTE（其中包括墨西哥、波兰、泰国的电视生产厂及一些研发中心）。汤姆逊的电子消费产品部门壮大了近60%。TCL将其在中国大陆、越南及德国的所有彩电及DVD生产厂、研发机构、销售网络等业务投入新公司。同时，汤姆逊和TCL分别向合资企业注入7000万欧元和1.4亿欧元。

李东生发现汤姆逊的生产厂存在成本高昂、效率低下、落伍老旧的问题，但他认为，若能使TCL产品打入欧洲和美国市场，这一交易将价值连城。并购前的调查表明，中国的廉价原料及紧缩的供应链会极大地降低成本。TTE所持品牌、知识产权及汤姆逊销售网络是李东生最想得到的三件法宝，但协议定立时的扑朔迷离已经使问题初露端倪。

汤姆逊和TCL将拥有品牌所有权。TTE有权在亚洲销售TCL，在欧洲销售汤姆逊，在美国销售RCA。根据20年的授权许可合同规定，两年内TTE无需支付许可费，两年后需承担0.25%到2%的费用。若TTE未能实现销售目标，汤姆逊则有权公告一年后终止许可权。

汤姆逊重点研究的CRT技术无需投入TTE，但TTE不得不与汤姆逊洽谈特殊合约以获得汤姆逊的知识产权。（TTE于2004年、2005年、2006年分别支付汤姆逊1.36亿、2.84亿、3.3亿港币。）合资企业的新知识产权由一家股东持有、使用，并向合资企业缴纳专利税。

汤姆逊的销售及营销网络也将成为北美及欧洲地区的独家代理。汤姆逊提供产品服务与支持，TTE则需支付销售、营销及管理过程中的酬金、佣金、奖金。（2005年协议有所变更，汤姆逊向TTE投入销售及营销网络，TTE支付1亿港币合同变更费用。）

五年前，汤姆逊迫切寻求电视加工业的突破口，其技术已远远落后于其他对手，TCL内部对这一事实瞻前顾后。TCL所聘的咨询公司对汤姆逊这一软肋更是心知肚明。最强烈的反对声集中在融合两大文化迥异公司面临的困难之上，TCL没有经验更没有专业的管理能力实现如此规模的整合。风险之大毋庸置疑。

在低利润的电视制造业中，规模是重要因素。李东生充分认识到规模对TCL未来的影响。据他推论，扩大规模不一定能使企业强大，但若不扩大规模，就毫无强大之可能。规模是生存的先决条件。李东生对合资企业的发展越来越感到不安。2003年，汤姆逊对外公布损失1.3亿欧元，且北美是主要亏损区。与此同时，TCL电视销售收益为7300万美元。

可行性研究表明，市场营销潜力、永无止境的价格控制、廉价原料、供应链优化以及汤姆逊品牌、研发、市场支持等因素可使TTE北美及欧洲公司一年内盈利。这一举措与TCL早期收购中国破产公司并使其翻身如出一辙。

2001年中国加入WTO以来，中国市场便向全球市场转变，TCL不久后便要与国际对手在中国国内市场中较量，李东生对此高度警觉。要想生存，TCL必须依靠自己走向世界。李东生分析自己别无选择，接受了董事会迎头前进的决议。其目标是确保TTE在18个月内盈亏相当。

协议获批

2004年7月29日，TTE正式成立。TTE第一位CEO赵忠尧尽职尽责，十分乐观。他说："通过扩大经济规模、控制成本、共享研发能力、降低原料花费等手段，我们的管理团队对TTE信心满满。"

当时，TTE在全球有2万多个销售网点、29000名员工（9000名汤姆逊老员工）、10家电视生产厂、5个研发中心。其计划年均销售额为35亿美元，平均销售量超过1850万台。协议使TTE成为2004年全球最大的电视生产商。作为全球首家收购全球知名公司大部分股份的企业，TCL备受赞扬。

TCL很快创造了五大获利中心：中国、欧洲、北美、新兴市场、战略性原始设备制造商。两个委员会顺势而生以协调各中心的转换过程。一个委员会由曾身兼飞利浦显示器前副CEO及COO（首席运营官）的韩国总裁、高级顾问带领，致力于原料、加工、供应链运行中的成本控制。一名长期在汤姆逊作战的老将则带领另一委员会负责新价值创造，该委员会的职责是研发新产品、寻求新商机以提高销售额。

聚焦北美

2003年，汤姆逊北美公司10亿美元销售额，但最终亏损1亿美元，TTE成立后重点管理北美公司。TTE短期目标是止住北美公司亏损趋势并扭转局势。

谅解备忘录签订以后，长达一年的调查立即着手，以找出北美市场的几大弱项。汤姆逊在元件中的投资远远高于其他对手。三个墨西哥厂能力有余却任务不足。更致命的是，汤姆逊使用的电视主电路板设计极为昂贵且需两年研制周期，而行业标准仅为7个月。

2004年年底，TTE启动了将TCL主电路板用于汤姆逊电视机的TCAT项目。几个小型项目也同时运作以降低消费，其中包括元件中国化、成本最优化、开发北美市场的价值、降低北美开支。这些倡议一开始便遭到反对。汤姆逊习惯于从欧洲、日本、韩国等高价供应商手中购买元件，批评中国元件“便宜没好货”。TCL据理力争，中国元件符合欧洲和日本曾使用的质量检测工程标准，尤为重要的是，中国元件价格上优惠20%。

6个月内，TTE的材料成本减少10%，节省资金8000万美元。近一半的CRT、LCD、PDP、DLP元件产于中国，但TTE北美公司仍需按协议要求继续从汤姆逊印第安纳州马里恩公司及墨西哥墨西卡利公司购买一些元件。电视主电路板的设计在中国完成。美国工程师则负责工厂设计，即通过微调满足当地市场需求。

TTE势如破竹地展开生产。墨西哥的三家工厂合并形成MASA工厂，离美国边境只有30米远。新生产线将员工数量由

4000裁减到2500，产量如前且无劣质产品。仅人员裁减一项一年便为TTE节省2000万美元开支。另外，90%以上的元件通过集装箱运往美国，同样可以降低成本。

虽然成本控制取得成功，但销售额却有所下降。已遭数年冷落的RCA品牌仍无可救药地走下坡路。老式显像管、大块头电视机已失宠，而造型优美的平面电视正在获得市场青睐，这对TTE在北美的销售造成沉重打击。

TTE立即意识到，对汤姆逊的分包销售及服务丝毫不起作用。销售花费高达收益的23%，比该行业平均值高4%，售后开支高于业内平均水平1.5%。除非TTE全权掌控销售、服务网络，否则很难翻身，这一点越来越显而易见。

2005年，历经数月谈判之后，汤姆逊以1287万美元的价格将包括欧洲、北美在内的整个销售网络卖给TTE。推进小组将重心置于最大的美国客户，其个数已从300降至25。重组过程也创立了一个80人的销售团体，是一年前人数的一半。2005年年底，美国公司的亏损总额减少至4500万美元。

TTE的欧洲发展

2002年乐观的欧盟市场于次年损失300万欧元。比之北美市场的亏损，欧洲市场的亏损只是九牛一毛。李东生回忆，“我们竭尽全力挽救北美公司，虽派遣人事经理前去协调，却将汤姆逊管理团队原班人马留在了巴黎。”

TCL称这些原班人马为“突破点”，该方案可促进TCL与当地管理人员的交流，因而十分划算。可供李东生选择的方案确实不多。国际职业经理人人手不足意味着TCL多媒体科技无力在欧洲另起改组项目。

欧洲公司2004年亏损更为惨重，其2005年的预计收益是800万欧元。这基于同时推行25种模型（包括三种不同的平面平板技术——LCD等离子和DLP）并继续生产占据生产线主体地位的老式CRT电视机的计划。结果证明，该策略面小利微、为时已晚。

2005年年初，欧洲消费者已开始选择平面屏幕电视，大体积的CRT电视机销量一路暴跌。TTE欧洲公司的总裁曾担任汤姆逊的经理，这位法国经理向李东生保证，下半年会有所好转。回顾那时的情形，李东生如果解雇这名经理并对局势严加控制会是更为明智的做法，但处于资金周转不灵的困境，当时的他没有过多选择。当他意识到事态严重时，木已成舟、无法逆转。

TTE渐渐觉察到市场的变化，因而疯狂地增加欧洲市场中LCD产品的数量。公司的高级管理人员也很快了解到，只有少数公司生产的LCD屏幕可用于电视的主要元件。LG、飞利浦及三星电子LCD的市场占有率为45%。上述公司自己生产电视是其得天独厚的优势，因而当对手们还未将屏幕与样机组装起来之际，这些企业的LCD电视机已上市很久了。TTE购买面板、将面板与新电视设计整合、生产电视设备，需6~9个月。TTE的产品打入市场时，市场先驱企业的已有机型已降价处理，为新机型留出市场，不能自主生产LCD的电视生产商总是后知后觉。

TTE须事先支付面板生产商的材料费用，这使情况更为糟糕。由于降价迅速，消费者3~6个月后的购买价格通常不足以支付面板成本。不久之后，滞后的资金流动便对企业生存构成威胁。由于销售总额与任务、奖金挂钩，TTE销售代表们允许顾客免费以旧换新，这对岌岌可危的公司而言，也是一种不利的措施。

由于销售组织隶属汤姆逊而非TTE，因而生产与销售之间的衔接不畅等问题一开始便存在。2005年9月，TTE接管汤姆逊的销售与营销业务，拥有600人的新建的欧洲销售组织中，至少400人来自先前的汤姆逊销售机构，他们销售音频类、视频类及其他消费电子产品的时间与销售电视的时间均等。CRT电视机渐失市场，平面屏幕电视渐失利润，由汤姆逊沿袭到TTE的销售组织庞大冗余、开销昂贵。应用于多数国家、针对CRT的多层销售体系分级过于明细而不能适应市场向LCD电视机的突然转向。

2005年年末，TTE欧洲公司不但没有实现盈利计划，反而亏损6000万欧元。TTE研发能力有限，新产品不得不推迟两个月上市，因而与2005年秋千载难逢的销售季节失之交臂，造成产品大量积压。2006年2月，COO史万文带领调查小组抵达巴黎。审查组很快发现2005年CRT电视市场份额由88.8%猛落至70.9%。欧洲市场的跌落情况尤为严重，2006年降幅估计高达40%。

祸不单行，TTE欧洲公司仅在几个月后再次遭受重创。2006年7月1日，欧洲立法委员会要求电视、电脑硬件符合RoHS标准，即《限制在电子电气产品中使用有害物质的指令》。

指令正式生效之前，含有禁用物质的产品狂甩风暴瞬间掀起，各厂家争先恐后地以跳楼价处理积货。TTE损失日益攀升，李东生于2006年5月调派TCL时任CFO前往巴黎支援，并从麦肯锡聘请了一个当地团队评估现状。

2006年6月的一次理事会上，李东生临危受命担任TTE临时CEO。一个月后，他收到麦肯锡的报告：TTE欧洲公司已接近瘫痪。TCL在全球电视生产市场中的份额由11.2%再降2点至9%。在电视制造业领域，TCL位居探花，冠军和榜眼分别为LG和三星。

减少亏损并宣布破产是一条简单出路，但对李东生而言，当初兼并的动机仍历历在目。此外，TTE仍盘旋下降，需1亿欧元维持其运转。李东生清楚自己目前的经营模式并不能持久，因而积极寻求其他模式。

重组

TTE作为第一家包含中国公司的大规模合资企业具有重要的象征意义——李东生必须时刻铭记。合资企业的垮台或许与政治意蕴脱不了干系。有关合资企业注定是败笔的谣言引来满城风雨。中国政府虽不干预，但却极其关注。汤姆逊也有理由希望TTE欧洲公司免于破产，1997~2002年，法国经济、财政与工业部部长蒂埃里·布莱顿兼任汤姆逊董事长及CEO。

李东生同时担忧由此造成的长远影响。他担心中国企业被贴上对社会不负责任的标签，担心企业被欧洲市场永久驱逐。2006年8月，TCL与汤姆逊制订重组计划：变卖TTE部分资产，汤姆逊支付2000万欧元现金、TCL提供2500万欧元用于重组。要想实施上述计划，李东生有必要说服TCL贷款方相信这是一次机遇。

2006年10月，TCL宣布4500万欧元的重组计划，关停多数TTE欧洲电视业务。政府和员工位于偿还名单之首，其后是供应商和顾客。该计划合情合理，却未将工会的反对考虑其中，谈判很快陷入僵局。工会要求给予没有机会工作的员工工作优先权，TTE却希望保留高绩效销售人员，遣散其他人员。

三个月的谈判期间，TTE卡在继续偿还所有工人工资问题上。李东生后来承认："我们当时严重低估了重组欧洲业务的难度和成本。我们本打算用几百万欧元来提升系统运作的效率，可实际成本要远远超过原预算。"

最终，TTE需向欧洲员工支付10万欧元遣散费，却没有足够资金支付供应商和消费者。尽管已经进行了深入谈判，但截至2007年5月，TTE欧洲公司仍未找到出路。TTE欧洲公司宣告破产。

凤凰涅槃

尽管与汤姆逊的合资公司破产，TCL仍不愿撤离欧洲市场。在欧洲重建TCL市场的重任交由闫飞博士负责。闫飞是土生土长的中国人，拥有法国国籍并说一口完美法语。1984年，闫飞被送往比利时进修工程博士学位，这是中国政府援助项目的一部分。获得博士学位以后，他在油田服务公司斯伦贝谢及建材公司圣戈班担任数职。1999年，圣戈班派遣他担任北京办事处总裁。2004年6月，闫飞加入TTE。

破产之后，闫飞决定通过TCL澳门公司创建新的法人实体。既然旧的企业模式不长久，那么，他需要一种新模式，但问题是哪种模式有效。对全球加工制造业的一份快速调查显示，多数企业完全不盈利，或只能通过企业从供应链到制造、销售严格管理获得微薄利润，但闫飞却注意到了市场中的两个重大动向。

其一，LCD平面屏幕技术已臻于成熟。除韩国电视生产商以外，越来越多企业有能力生产高质价廉的平面屏幕。其二，欧洲针对电视设备征收反倾销税于2007年8月以后失效。正如孙武在《孙子兵法》中所言，时机也可以决定成败。2006年6月，闫飞首先注意到这些动向。现在，他需提出企业计划并提交TCL董事会。

新模式

闫飞向董事会提交的新企业实体——TCL海外营销有限公司——在TCL多媒体科技旗下成立。正如闫飞先前所言，2002年8月30日起对进口彩电征收44.6%反倾销税的政策将于2007年8月30日有效期满。闫飞一开始便坚信，集研发、加工、仓储、支持功能于一体的欧洲企业模式不可持续。由于产品寿命周期短、产品销量下降、库存积货风险巨大、成本高等缺点，多仓库大库存显然已不合时宜。闫飞提出了“无边界集中模式”，把计划生产与按单生产结合在一起。他的企业计划目标在于获利而非市场份额，因而该企业计划在董事会顺利通过。

2007年2月，闫飞雇用了30名曾在TTE欧洲公司工作的员工，并从厂外另招10名贤才。这40名员工主要从事销售工作，但闫飞另加了两条人才挑选标准：文化变通性和团队工作能力。闫飞曾告诉这些员工：“你们无需喜欢中国人或中国食物，但你们必须思维开阔、积极向上，不能有种族偏见。”

TTE欧洲公司之前在欧洲每个国家都有独立的人事、财政、IT团队。深圳约40名员工组成的团队主要负责后续支持。欧洲员工通过可视会议、电子邮件、语音邮件及频繁的面对面会议与深圳同事交流。闫飞称其为“无边界集中模式”。新组织费用仅为销售额的3%，是公司消费最低的部门之一。

为使新模式步入正轨，闫飞必须寻找大型客户，而且这些客户可以进行滚动预测订单生产。他决定不再依靠点对点递送的方式与老客户直接交易。公司的最大型客户有自己的销售渠道，一般偏好自己运送货物。他们通常将不同货物聚集于仓储室中，以便更有效地向其零售部门运送货物。闫飞建议与有能力承担物流的零售商建立联系。TTE欧洲公司之前为1000名客户服务，但其中一半为小门头。新企业实体在2007年年末已有60家客户，与其中15家的营业额超过总营业额的80%。

新模式要求3~6个月的滚动预测，第一阶段顾客无需签订合同，其后便需在运送之前一个月提交确定订单。滚动预测制度使订购LCD（提前3个月）和芯片组（提前4个月）成为可能，也为主电路板及其他元件运往波兰提供了保障。TTE破产后不久，TCL买下了波兰公司。填写确定订单需两周生产时间。为防止订单方最后变卦，TCL只在波兰公司仓库存货5天。旧模式的电视库存遍布欧洲各国，与之相比，新模式节省了巨大开支。其实，使新模式运行的关键是确保销售、生产及供应商之间的协调一致。

撤销欧洲各国仓库除能降低库存成本、减少老化损失外，还有其他好处。2006年，TTE欧洲公司10%的产品退货使其难以招架。零售商离仓库不远，可轻易找到仓库进行商品的以旧换新。而波兰只有一处仓库，因而产品退换可能性很小。

新企业模式也提供了为期24个月的担保，性质与市场领导人担保一样。若产品存在缺陷或损坏，售后服务代表会与当地的维修服务人员联系以解决问题。若问题不能解决，TCL会为顾客退款，使其自行解决问题产品。若顾客未自行处理，TCL则要求维修伙伴拆除产品用作备用配件。

尽管反倾销税已失效，LCD产品进入欧洲仍需缴纳14%的关税。在波兰公司生产产品能节省公司开支。俄罗斯及其他一些中欧国家不收关税，这些国家可直接从中国进口TCL品牌产品。在欧洲，公司销售的电视机中有80%为汤姆逊品牌。

2007年8月，新公司正式成立。一个月后，TCL欧洲新公司开始且持续盈利，波兰公司月均电视产量为10万台。李东生之赌有所回报。从仅靠600美元市政公债起家的小型盒式磁带厂到现在，李东生走过的漫漫长路，不可谓不难。

第五章

联想：IBM助力

上一次你看到科技产业出现成功的并购是什么时候？

——戴尔有限公司创始人兼CEO
迈克尔·戴尔

2004年12月7日，中国的一家电脑公司——联想宣布以17.5亿美元收购IBM个人电脑（PC）业务。此语一出，震惊四方。这是中国新生企业罕见的英勇之举，同时表明了联想进军国际市场的决心。以精通信息技术而闻名的博客中国董事长方兴东称之为“伟大的并购”。他还表示：“新联想一夜之间成为全球PC行业的大玩家。”方兴东预测，联想将获得“IBM一流的产品、技术、品牌、市场、渠道及管理”。

世事难料，此后仅四年多时间，联想便如履薄冰，已然到了灾难的边缘。2009年2月5日，联想对外宣布季度亏损达9670万美元，这意味着在联想上任三年的前戴尔执行官威廉·阿梅里奥注定要离任。联想董事长杨元庆坐上阿梅里奥之座，而联想公司创始人柳传志则重出江湖，担任董事长一职。之后，杨元庆和柳传志均不遗余力地稳定公司。柳传志不得不亲自请教迈克尔·戴尔是否有独家秘诀。在他看来，电脑行业的兼并远比想象中的更加复杂、出人意料。

巨额季度亏损后仅一年，联想同季度收益为8000万美元，公司重回正轨，成为世界发展最快的电脑公司及世界第四大PC生产商。为扭亏为盈，联想必须舍弃IBM的企业模式，也必须放弃在美国市场中一直使用的中国企业模式。对柳传志而言，联想成为全球技术舞台主角的路程令人眩晕却又大开眼界。

生肖传说

中国生肖中，首个生肖为鼠，特点是智慧、敏捷、狡猾，极具开拓性，富于创业精神。或许出于偶然，1984年的鼠年诞生了一批积极进取的中国企业，其中包括海尔、TCL、正泰、万科、联想。

1984年11月1日，中国科学院计算技术研究所批给11名电脑专家25000美元成立电脑公司，那时公司取名“北京计算机新技术发展有限公司”，该公司正是日后联想的雏形。刚刚年过40岁的柳传志是当年的拓荒者之一。

柳传志在上海出生、北京长大，1966年毕业于西安军事电讯工程学院。“文化大革命”期间，他被下放农场进行劳动改造。大约两年后，柳传志进入中国科学院计算技术研究所。

柳传志的工作是与磁储存器打交道。在当时的中国，这一深奥的领域并不存在多少商业前景。他的设计并未变成产品，也没有多大市场。

柳传志回忆：“当时缺房子，因此人口增多时我们只能挤在一起。另外三名同事都是比我大10岁左右的科技工作者，他们和我挤在一间12平方米、自行车棚大小的房间里。我甚至不能称它为房子，墙壁只有一层砖，根本不暖和。”

1984年，中国刚刚开始市场改革，格外注重将研发成果变为实用产品。柳传志等人成立的新公司肩负重任，他们要实现计算技术研究所研究成果的商品化。柳传志同时希望筹集足够资金改善新公司科技工作者的生活条件。如果可能，这些资金也将用于改善研究所的科研条件。

柳传志骑着自行车在北京寻找有前景的商机。为了筹钱支付员工工资，公司倒卖过电子表、旱冰鞋、运动衣、电冰箱。一次，柳传志用17500美元购买彩电，没想到却上当受骗。受骗经历动摇了柳传志的信心，也几乎扼杀了这个刚刚起步的公司。不久之后，柳传志时来运转。IBM公司要求柳传志的公司在中国代理销售IBM产品。当时的IBM产品极为畅销，仅靠销售IBM产品，这个刚刚落地的公司便顺利地存活下来了。

其实，研究所研发的软件也带来了更多的收益。十年前，研究所便孜孜以求地研究创新型计算机电路，志在将计算机中的英文文本转换为汉字。研究此项目的研究员之后被调到新公司。他们很快研制出能轻易跻身电脑主电路板内的印制板。

1985年4月，公司新作——联想汉卡上市。联想（Legend）之中的“联”在汉语中有“联合”之意，汉卡最为引人瞩目的特点就是能够迅速将键盘上输入的字符转换为相关汉字。而且程序还能提供多种转换选择。联想汉卡一炮走红，成为中国进口PC机中必不可少的硬件伴侣。很快，联想汉卡便与最新进入市场的PC机“如胶似漆”。公司销量持续稳定，汉卡的成功使新技术发展公司成为中国所有进口电脑销售商的不二之选。2003年，公司更改英文名字为Lenovo。

成长的痛苦

1990年，联想在中国推出自己的品牌PC，成为电脑生产商。同时，联想也是外国进口电脑的代理商。联想最初的重点是商业客户，但很快发现，缺乏资金支持使其在与外国PC生产商的较量中举步维艰。

1994年，柳传志因拼命保住联想的压力而生病住院。这一迫不得已的“休假”却给了他重新思考联想战略的机会。出院时，柳传志决定在聚焦商用电脑市场的同时，设立消费型PC部门，该部门针对那些希望将电脑私用的个人。

在中国境内，柳传志率先提出中国市场“家用PC”这一概念。PC1+1表示“让每一个中国家庭都拥有一台电脑”或“让每一个孩子都拥有一台电脑”。这一理念认为，电脑亦可用于自我娱乐、开阔视野，而不是只限于办公的机器。当年29岁的杨元庆勇敢挑起这一独立部门的大梁。1988年，杨元庆进入联想，从事销售工作。

率兵之将

中国的PC机明显落后于西方，柳传志立志一改乾坤。联想与英特尔合作，在中国市场推出首台英特尔奔腾（Pentium）PC，奔腾PC也在北美市场同时上市。通过低于其他对手的价格，联想公司奔腾芯片PC销量瞬间激增。不久，联想便开始取代中国市场中的外国品牌。

1996年，联想已走在市场最前端。同年，曾以台式电脑为主的联想公司推出首台笔记本电脑。公司平衡创新与成本的诀窍也渐渐表现出来。操作简单则是联想产品的另一大优势。联想最便宜的一款机型，可使没有上网经验的用户只靠碰触按钮就能上网浏览网页。

1999年，联想在中国和亚洲市场中的份额分别为21%和

8.5%，遥遥领先于其他同行。2000年，柳传志决定放弃代理进口PC及服务，成立了一个以“神州数码”为名字的新公司。2001年，负责家用电脑部门的杨元庆被任命为总公司的CEO。那时，联想盘踞了中国PC市场30%的市场份额。

2000年，消费者市场已经饱和。联想六年来居30%而不下的增长率也止步不前，使得联想的处境非常糟糕。此时，国内PC生产商深陷价格战，与此同时，包括戴尔在内的国外PC生产商所带来的竞争压力也是异常之大。联想在中国的发展潜力开始呈现受限之迹象，杨元庆依然立下了10年内跻身世界500强的宏伟目标，但推动公司发展的家用PC却在销量上小憩不醒。公司不得不尝试走多元化之路，以求企业能够继续发展。

多元化遭遇滑铁卢

到2000年，中国的互联网用户已超1亿，这为新商机提供了广阔空间。2000年至2003年间，联想被卷入门户网站的热潮之中，因此对网络公司大笔投入。2001年8月，联想耗资3537万美元购买雅思特信息技术有限公司40%的流通股，希望在网络证券电子商务交易中坐等收利。2001年12月，联想投资新东方教育科技集团——提供在线培训的教育机构。联想与美国在线时代华纳（AOL）握手联盟，同时投资FM365网络公司。联想在网络商业中的总投资逾1亿美元。

联想也曾短期涉足IT服务行业。全球最具权威的IT研究与顾问咨询公司高德纳指出，中国的IT服务业将在2000~2007年间增长30倍。各级政府最终将运用网络为民众提供更多服务并提高透明度，这一期望是高德纳预测的主要依据。2000年，中国启动了鼓励商业公司建立企业网站的项目。随着需求的不断增加，联想将IT服务纳入投资组合之列，尽管那时IT服务业的投资仅约1300万美元。

2001年，中国手机用户普及率为11.2%，不足西方国家平均率的一半。联想认清了市场形势，与厦华电子公司组建合资企业并投资1100万美元生产、销售手机。

2003年，网络泡沫破灭，联想在雅思特的投资贬值10%，并因亏损关停网络培训业务和FM365。联想已在FM365中投资2500万美元。IT服务也持续亏损“出血”。2004年年底，联想在中国PC市场中的份额狂跌至24%，而其三年前的市场份额则为30%。显然，多元化战略遭遇滑铁卢。因特网、IT服务等非核心业务遭受重创。联想决定重攻核心业务：个人电脑。

漏洞百出的国际策略

2001年，柳传志接受麦肯锡采访，期间柳传志对到底是卖掉自己的品牌还是走原始设备制造商之路难以抉择。联想以前在中国发展，以公司平衡竞争的优势为驱动力，但公司在海外销售时，便不再具备国内市场的优势。柳传志深感必须谨慎处理这种局势。

台湾地区在电子产品制造方面经验丰富，曾试图以自己的品牌打进西方市场，却在与全球知名品牌的较量中败下阵来。柳传志担心联想会步其后尘。继续走原始设备制造商之路或与台湾计算机公司联手打造某一品牌都是更为安全稳妥的举措。

柳传志思忖二选一时，开始在香港地区销售联想品牌电脑。为摸清国际商海深浅，联想还于2001年9月筹划通过50多家专卖店销售PC，这些代售点在香港最大的消费类电子产品及家用电器零售商丰泽（Fortress）旗下。长久以来，IBM、康柏、戴尔等国际品牌牢牢占据香港市场，联想在香港市场中微不足道。第二年，联想尝试向西班牙及其他几个区域市场扩张。联想在中国市场份额中的收缩迫使其制定策略，从国外扩张中撤兵。

联想试图在海外建立品牌时却发现，“Legend”已被其他公司先行注册。联想必须另出计谋。杨元庆解释道：“我们需要一个英文品牌，在各国之间都可以畅通无阻地使用。”尽管联想的重心依然在国内市场，但杨元庆认为，IT业务终将走向国际，这需要一个放之四海而皆准的品牌名。

2003年，联想英文名由“Legend”改为“Lenovo”。新名称融合了“Legend”一词的前两个字母“Le”及拉丁单词“novo”，lenovo意为“创新”。这一理念反映了创新精神及新颖性追求。2004年4月，联想正式更名为联想（Lenovo）集团有限公司。

“董事会认为，使产品英文品牌名称与公司名称保持一致，有助于提升Lenovo的认知度及受欢迎程度。”杨元庆解释道。尽管联想对国际策略寄予厚望，但其2003年的海外销售额不足总收益的2%。并购通常能够瞬间改变商战局势，在联想最需并购之时，随之而来的并购机会正如雪中送炭。联想的并购目标为IBM的PC业务。

IBM金蝉脱壳

1981年，IBM出售首台简称PC的个人电脑并迅速红透半边天。那时，上市的电脑都是几名技术人员在公司总部密切关注之下控制的庞大机器。Apple 2电脑及美国无线电器材公司Model 1起初只是吸引了电脑爱好者，但小型电脑对公司的商务拓展有利，同时方便个人日常生活，因此迅速得到认同。

个人电脑市场不断扩张，IBM决定将台式电脑投放市场，这一决定使PC经营许可得到认同。IBM大部分PC业务是组装其他生产商的现成元件。但对多数企业的总裁而言，IBM品牌名称是使其台式电脑成为可靠商业机器的必要保障。那时，对电脑知识有所了解的企业总裁寥寥无几，但IBM可靠的信誉却是人人尽知。对于投资上千或上万台电脑的公司而言，选择IBM可谓绝无后顾之忧。即使同样的电脑出自其他生产商之手且价格更低、效果更佳，投资者依然会选择IBM。因为IBM在某种程度上将永远屹立于世界，这一点意义重大。

为使新一代电脑运行，IBM聘请了年轻的小伙子——从哈佛辍学生比尔·盖茨及同伴保罗·艾伦。基于从其他程序员手中购买的程序，这两个年轻人共同研发出一套计算机操作系统。原始系统名为ODOS，即“快速而肮脏的操作系统”。苹果公司迅速在操作系统中安装图形用户界面，用户可在屏幕上直观地处理文件夹和文件。苹果系统是对施乐公司帕洛阿尔托研究中心成果的升华。施乐从未提出自己的概念，但苹果将施乐成果融入麦金塔电脑时，图形界面一时间炙手可热。盖茨和艾伦创办的微软公司修改了这一系统，并重新命名为Windows。Windows也具有可视界面。很多人都希望拥有IBM品牌的PC，因而微软的Windows系统以统占市场而告终。能运行Windows相关程序的电脑称为“IBM兼容PC机”。

苹果公司设计的芯片及操作系统只可独家使用，微软的Windows系统与此不同，可用于所有由英特尔电脑芯片支撑、统一设计的IBM PC机。随着以康柏为首的山寨小贩开始售卖自己的IBM兼容PC机，整个行业得以向前发展。芯片制造商（例如英特尔、超微半导体公司）和软件公司（例如微软、莲花公司）极大地提高了商用及家用PC的销量。利润从PC行业转移到软件、芯片或集成电路，与此同时又促进了PC的发展。

然而，IBM实质上是其他加工产品的组合部门。不同之处在于，IBM的机器成本通常高于对手，且同价位电脑操作效果不及同行。组装PC逐渐成为一种商业行为。这种转变对戴尔大有裨益。戴尔只满足顾客基本需求，而不为零售商提供额外服务。

通过减少能使电脑更为普及但办公不需要的额外程序，戴尔微利经营却一度繁荣。戴尔一般将电脑直接卖给下订单的客户。戴尔不使用多余元件，因而能够以廉价与多数对手角逐，很快便在PC销售中脱颖而出、领跑市场。IBM或许不愿意或许无力与戴尔模式匹敌，因而蒙受损失，而这方面的损失同样影响公司其他业务的发展。

从PC行业撤军？

几次尝试重组失败后，IBM考虑从PC行业彻底撤军。当时的IBM总裁郭士纳称，蓝色巨人没有什么难以置信。IBM利润受日渐萎缩的市场威胁后，大量倾销其商品，其中包括各类计时器、卡片分类机器、激光视盘、打字机、打印机。正如管理学教授马克·丁·泽布拉奇所言，“IBM的力量正使其进行历史性地自我重塑。”

IBM已然早就觉察到全球IT行业正在迈向新台阶，公司战略家预测软件将很快“获宠”。2000年，硬件制造的利润占利润总额的比例为58%，2005年将跌至42%；而软件开发的利润却从29%上涨至41%。在这期间，IBM将硬盘驱动业务和磁盘驱动业务分别卖给东芝和日立，同时甩掉了信息显示屏和网络中央处理器业务。

2002年，普华永道为IBM提供服务，加上Tivoli（帝沃利）、Informix等软件公司的力量，IBM成功实现转型，成为集服务、软件、咨询于一身的企业。IBM的PC业务有待出售。

IBM尝试出售PC业务

2000年，彭明盛兼任IBM董事长及CEO后不久，努力寻找PC业务的突破口，并且成为IBM的当务之急。因此，IBM与大量PC生产商洽谈，希望卖掉公司每况愈下的PC业务。IBM想要实现30亿到40亿美元的卖价，但没有人愿意支付如此巨款购买已经深陷困难、前途未卜的业务，因而IBM的报价成为其出售的主要障碍。

2001年，IBM首次向联想抛出橄榄枝。IBM当时的CFO约翰·乔伊斯前往北京商讨2002年双方可能实现的交易，但联想予以回绝。之前一年，IBM的PC业务亏损近4亿美元，亏损额几乎为联想年利润的4倍。为使报价更具吸引力，IBM对其PC业务实施大手术，降低成本并缩减外包加工。

2003年7月，与联想正式洽谈之前，彭明盛与负责制定经济、技术政策的中国政府高级官员进行了私下会谈。彭明盛表示

IBM有兴趣助力联想成为全球企业，将发挥技术、管理、营销、销售特长。中国真正意义上的国际企业的建立将表明中国有志全球投资，而非仅仅满足于世界的加工中心。中国官员回应，中国的确希望全球投资，但时过境迁，一切已变。IBM需独自与联想商谈。IBM与联想的谈判重燃联想走向国际的激情。

漫长的谈判

柳传志拥有交易主动权，但他却一如既往地小心翼翼。联想CFO马雪征飞往纽约继续谈判，但柳传志警告她不要对交易动心。马雪征对IBM PC业务的彻底改革十分欣赏。回国后，她满腔热血，支持交易。

2004年夏季，杨元庆与彭明盛在北卡罗来纳州罗利市秘密会晤，双方同意不在简单的资产买卖基础上提出其他条件，而是结成战略联盟。联想（由Legend更名为Lenovo）将成为IBM的优先PC供应商，且可使用IBM品牌5年。谈判尘埃落定。IBM将继续通过自己的销售人员、销售网络出售联想PC，还需为联想PC提供营销、服务、资金。

接受《财富》杂志采访时，柳传志说自己最终从不同角度看待IBM抛出的橄榄枝，他解释道："我们惧怕的许多风险可以分解或得到控制，我们获得了信心。我们担心顾客流失，因而我们达成协议，继续使用IBM品牌，保留IBM的销售人员，甚至任用IBM高管为联想新CEO。并购后，我们能为顾客提供同等水平的服务与质量，这给了我们信心。"

联想的交易所得

2004年12月8日，联想宣布以17.5亿美元收购IBM的PC业务。联想将以约6.5亿美元现金、6亿美元股票及5亿美元债务的形式完成交易。根据协议，IBM将持有联想18.9%的股份。基于两公司2003年的销售情况，新公司年销售量和销售额有望达到1190万台、120亿美元。该笔交易也使联想一夜之间华丽转身，由世界第9名PC生产商一跃成为全球PC行业三甲。

这一笔交易也使联想的PC业务规模扩大了4倍，联想实现了全球化的梦想。现在，联想已具备了一定的销售量，且其产品可在5年内继续使用IBM商标。联想也将永久拥有IBM的知名品牌——ThinkPad笔记本和ThinkCenter台式机，辅之以IBM的销售渠道、管理、研发能力及全球企业客户，联想将制订最具优势的计划。令人百思不得其解的是，IBM为什么愿意将初始要价减半，尤其在削减成本后，PC机更有利可图时减半呢？

IBM的中国利益

事实上，IBM已经收到了其他公司更有吸引力的投标。美国公司德克萨斯太平洋集团也在感兴趣的竞标者之列。但联想自始至终都是IBM认真考虑的唯一选择。彭明盛承认："我们可以选择更简单的交易，但我们想要的不是甩掉PC业务，而是与联想和中国的战略关系。"据《纽约时报》报道，IBM欲打"中国牌"。

据彭明盛介绍，IBM以17.5亿美元将PC业务卖给联想，这是一笔“三维交易”。该交易为IBM放弃巨大但却无利的业务提供了突破口。这也是IBM转向服务、软件业务，并将擅长的硬件技术从大型计算机向电脑游戏机中微处理机转变的最后一步棋。所有这些业务都比厮杀惨烈的PC业务利润丰厚。

然而，公司交易最引人入胜，或许也是最为重要的一个维度是IBM的中国汉卡。拥有IBM PC业务的新联想公司将成为中国第五大企业，其2003年销售额为125亿美元。中国政府仍将是新公司的大股东仍旧是国有资本。IBM渴望建立高科技工程室，用IBM的服务及软件推动中国现代企业及政府机构的发展，从而在促进经济发展政策的落实方面助一臂之力。

IBM寻求与联想合作的真实意图是借此进入中国市场。若与中国政府及中国民众保持密切联系，IBM将立竿见利。

彭明盛解释说：“我们确实未与中国政府及其他政府达成特殊协议。这是一个更加难以捉摸、更为复杂的协议。如果他们的议事日程在你脑海中根深蒂固，你真正做到本土化并切实帮助他们进步，那么你将有更多机会。你将成为他们策略中的一部分。”

IBM于2005年3月宣布，要将其在中国的企业命名为“中国IBM”而不是“IBM中国”，即计划为中国的医疗体系提供综合方案。2009年5月1日，IBM宣布开放北京医保行业解决方案实验室，计划终变为现实。IBM将与医院及农村医疗合作社联手“优化”医保。2011年，中国政府发起的医保改革需投资1240亿美元，旨在为中国13亿公民提供更安全、更廉价的医保服务。IBM在此之中将提供部分方案。

整合迥异文化

IBM渴望达成交易以显示其助力中国发展的长期承诺。然而，两大公司之间有天壤之别，因而整合需要创造性方案。

※IBM PC业务经费开支高，而联想则为精干企业。

※IBM PC业务规模为联想总业务的4倍。

※IBM PC业务生产成本昂贵，而联想每台台式PC的劳动力成本为3美元，价格之低，无出其右。

※IBM PC业务为强大的全球业务，联想为中国国内巨头。

※IBM在高端企业客户方面占有优势，而联想擅长与零售顾客及小企业打交道。

※IBM拥有最优的笔记本技术，而联想则拥有强大的台式电脑技术。

鉴于两大公司文化、企业模式的巨大差异及互补性，联想的管理层不可能独挑整合大任。为实现平稳过渡，IBM决定持有新公司18.9%的股份，并保留高管联合协助兼并后的公司的运行。除IBM品牌外，IBM还允许联想使用自己的销售人员和销售网络销售联想PC。IBM此举是拿自己的品牌形象及声望冒险，且要不断保证充足的人力资源。IBM对联想表现出的信心让世人刻骨铭心。

IBM主动提出任命PC业务前主管史蒂芬·沃德为新公司CEO，而原联想集团性格开朗的CEO杨元庆担任董事局主席。起初，杨元庆打算在纽约和北京分别设立总部，但沃德倾向只保留纽约一个总部。

几天后，杨元庆回心转意，接受了沃德的观点。杨元庆说：“沃德的观点更有意义。总部设于纽约意味着告知全世界顾客我们是全球企业。”后经商讨决定，总部无需设在某一特定城市。高层领导会议在全世界各个城市轮流召开，会议地点取决于特定时间最有意义的位置。董事会及高管成员真正实现了东西方文化的融合。

沃德的任务是确保并购后的兼并企业平稳过渡、顺利整合。他的大多数时间都用于维系顾客、整合企业。2005年5月，兼并以后的各项成就极其引人注目：

※ **顾客维系**。联想的销量打破纪录，其市场份额与并购前IBM与联想份额之和几乎持平。

※ **利润增长**。每股利润（ESP）每季度增长1%。并购前一年，IBM的PC业务亏损；并购后，联想成功将PC业务扭亏为盈。

※ **现金储存量大**。2005年9月30日，联想的纯现金储备约9.64亿美元。

※ **整合成功**。联想已成功地整合为全球公司，也将成功实现两大公司整合的目标。

整合完成后，联想又制定了下一阶段的策略：提高利润。2005年，联想净利润率不足2%，但其直接对手戴尔的净利润率却超过了6%。为提高利润，联想公司需提高效率、降低成本。沃德在IBM任职的经历使其对大改革犹豫不决。IBM需向新兴经济体及消费者市场扩张以提高增长率，但沃德却缺乏在新兴市场坐镇指挥运营公司的经验。由于沃德退休在即，因而与联想董事会商量退位并获得同意。2005年12月20日，联想宣布任命威廉·阿梅里奥为新一任CEO且立即生效。

杨元庆对沃德整合两家公司之功劳予以高度赞扬："史蒂芬·沃德在两个不同公司基础上成功创立了一个单一性、国际化的PC公司。因此，在过去的一年里，我们已为股东创造了巨大价值，联想在实现目标过程中势头威猛，前进过程持续而良好。我们感激沃德对联想的贡献以及他对联想源源不断的支持。"

联想为阿梅里奥赋职时，他仍是戴尔亚太及日本地区的高级副总裁。1979年至1997年，阿梅里奥进入戴尔之前曾担任NCR及联信公司的高管。他也任过IBM数个高级职位，其中包括PC业务全球运行总经理。阿梅里奥具有在新兴市场工作的经验，是联想最高职位的最佳候选人。

2006年1月，阿梅里奥宣布了其在联想的战略构想：

第一，必须全心全意地重视成本及财务消费比例，以提高公司运营效率。第二，必须通过创新、高质量及关键发展领域产品的合理价格提高产品竞争力。第三，必须权衡我们在中国的成功及支持我们产品的双重交易/关系模式的成功。我期待在联想已有的强劲势头上再创辉煌。

联想收购IBM的PC业务后，将其销售体系根据关系和交易两大功能分类。关系模式基于从IBM收购的Think品牌，主要针对那些大型公司客户，它们需要量身定做的方案，需要快速运送和快速满足服务需求。交易模式则以联想在中国的成功经验为基础，目标群体为中小型企业及个体消费者。交易模式中，销售点会结成大型销售网络，提供大量服务及廉价产品。联想坚信，在中国已有的成功模式，同样可用于世界其他地方的市场。

其实，联想向新兴经济体扩张极为必要。据国际数据库（IDC）统计，2006年联想销往欧洲的PC数量下降12%，在美国销量增长5.3%，仍低于公司6.7%的平均水平。联想销量增长主要体现在国内市场，其在中国的销售量高于其他地方30%。联想复制其在中国成功的第一步棋是选择德国和印度这一对成熟市场和新兴市场进行测试，并选择其交易模式。其结果是两处试验地实现双丰收，2006年销量大幅增加。

阿梅里奥在整合、精简、改善IBM前PC业务工作中功勋卓著，但2008年经济危机却以迅雷不及掩耳之势突然来袭，联想的利润一败涂地，阿梅里奥措手不及，几乎没有时间重整旗鼓进入中国市场、新兴市场及消费类产品。

错在哪里？

2006年5月，联想公布2005~2006年度报告，阿梅里奥说：“联想是一个拥有创新产品、有条不紊运行计划的大公司。我们正目标明确地迈上这一台阶，并坚信这会带给我们成功及长期利益：提高公司运营效率、建立品牌意识、扩展双重企业模式。”

上述陈述对阿梅里奥长期战略的一致性提出疑问。令人不解的是公司为何决定将重心由原来的创新产品供应转为建立品牌意识。这一转变标志着联想对初始策略的否定，进而产生了进退两难的局面：缺乏创新产品，所谓的销售增长来自何处？双重企业模式实际上仍处于第三位置。

2007年，阿梅里奥停止了ThinkPad笔记本上IBM商标的使用，市场的反应不温不火。为提高联想品牌知名度，阿梅里奥开始往市场大量投钱。他与足球明星罗纳尔迪尼奥（曾为巴西队和巴塞罗那队效力）签署了广告协议。2006年，罗纳尔迪尼奥成为联想的全球品牌商标大使。阿梅里奥也于2006年赞助都灵冬奥会，2007年赞助AT&T威廉姆F1车队，2008年成为北京奥运会的顶级赞助商。这都使得联想平步青云，然而成功却饱受争议。

阿梅里奥在一次记者招待会上总结了自己在联想的三年职业生涯："过去三年里，我们成功实施了一个国际战略。联想已踏进全球顶级PC企业的行列。我们的品牌已为全球熟知。我们在质量、创新方面信誉颇高，售后服务首屈一指。我以我们团队的成绩为豪。"

阿梅里奥在2007年的采访中重申其战略重点：提高国外供应链效率是联想四大战略目标之一，其他三大目标分别为摆脱IBM主要针对大型公司的企业模式，在国外PC制造中降低价格、改善性能，建立不依赖IBM盛名的联想品牌。

阿梅里奥的动机是走出以企业客户为重的关系模式，但却在建立国际交易/顾客模式中失败。比之联想称为"触点"的5000家国内零售店，其在国外的销售网络过于虚弱，根本不能提升低端笔记本的销量，而低端笔记本在销售市场中越来越重要。新款笔记本的滞后上市更是致命失误，这使联想旧痛未去又添新伤。

创新产品供应并不在阿梅里奥的优先战略之列。他在任期间，PC市场逐渐改头换面为笔记本市场且市场趋势不再是企业客户喜欢的昂贵机型，而是资金有限的个体消费者所钟情的廉价低端机型。

2007年，杨元庆最终失去了耐心，决定单枪匹马建立全球消费者企业集团以促进消费类机型的整体销售。2008年3月，联想推出了Idea品牌概念系列产品，其中包括IdeaPad笔记本和IdeaCentre台式电脑。联想生产了全球第一台消费类PC，但建立这一品牌概念却不是阿梅里奥提出来的。

阿梅里奥昂贵的营销炒作背后，不存在可以获利的创新产品及恰当渠道，这一点越来越明显。宏碁、惠普等其他对手已顺应市场趋势，马不停蹄地生产超低价笔记本，联想则错失良机，被远远抛在后面。2008年，宏碁市场份额由9.4%涨至11.8%，惠普则增长3.1%达到19.6%。

全球经济不断衰退，企业客户纷纷削减开支。戴尔、联想等倚重企业客户的电脑制造商市场份额逐渐缩减。联想也经历了惨不忍睹的大滑坡，其PC市场份额由2007年的7.5%下降至2008年的7.2%。截至2008年12月31日的财报中，联想对外公布损失9700万美元，而一年前的第四季度净利润为1.72亿美元。销售额也由一年前的44.9亿美元下滑至35.9亿美元。

阿梅里奥竭尽全力，试图想让联想成为全球公认品牌，当时看似为上策之选，实则不然。公司缺乏能与营销炒作相配的生产线：地方层面的产品竞争力不足、销量不高，品牌建设中的花销只增加了成本却未提高销量。

吃一堑，长一智

联想转身重用中国经理且其主力军重攻中国市场、新兴市场、个体消费者，但并不表明当初的并购为一大败笔。1998年，联想萌生了走向国际的念头，但2003年才认真考虑此事。2003年，联想从多元化战略上落马，而且在中国继续发展的空间已不多。走向全球化是漫长过程，IBM的交易仍为诱人选择，这两点人人心知肚明。通过交易，联想获得了成为国际企业必备的全套武器：品牌、顾客、高管、研发、渠道、全球销售力。在与联想及中国确立关系的过程中，IBM勇往直前而且成熟老练。IBM收获的不仅是与联想之间的一次性交易，更是其在中国日益昌盛的软件、顾问及服务业务。

尽管IBM PC业务与联想整合后，CEO与董事长经历了升降起伏，但整合仍为成功之举。2009年年初，联想公司管理层面走马换将。全球经济危机及联想依赖企业客户的模式至少在一定程度上促进了2009年年初的管理策略大转变。

客观地说，如果联想坚持贯彻原定战略，公司或许不会承受其在经济危机期间的巨大压力。这些压力又彰显了整合两大文化迥异公司所面临的巨大压力。在旷日持久的文化问题频频需要解决的情况下，联想公司执行新战略寸步难行。

展望未来

2009年1月，联想宣布第一季度在全球范围内裁员2500人，雇员阵容“瘦身”11%。公司努力降低客户支持中心及员工方面的开支，例如资金、人力资源、营销。高管补偿金将缩减30%~50%，其中包括劳绩奖赏、长期激励、绩效工资。削减费用共计约3亿美元。此外，联想还将位于安大略省多伦多市的电话运营中心迁至北加利福尼亚州墨里斯维尔，此次搬迁也为公司节省了一笔不菲的费用。

联想将其在亚太地区、俄罗斯地区的业务整合为一个业务大区，这也是整合之举的一部分。亚太地区总部从新加坡迁移至北京，高级副总裁兼大中华区总裁陈绍鹏走马上任，管理新大区。

2009年2月，联想宣布CEO阿梅里奥卸任，杨元庆接过CEO接力棒，柳传志重出江湖、担任董事局主席。使公司重回正轨并且盈利是新组建管理团队肩负的重任。柳传志说：“所以现在，我们应以中国市场、新兴市场及消费类客户为重。”

2009年3月，杨元庆开启了成熟市场和新兴市场两大业务集团及Think和Idea两大生产集团双轨制模式。成熟市场集团包括西欧、美国、加拿大、日本、澳大利亚、新西兰市场，大型企业、中小型企业等全球客户及相关消费类产品也属于该市场。陈绍鹏率领的新兴市场集团由中国、亚洲其他国家和地区、中东、非洲市场组成，其业务针对大型企业、中小型企业及相关客户。包括墨西哥在内的联想北美集团直接向罗瑞德汇报工作，罗瑞德兼任该区总裁及COO。

Think产品集团由弗朗西斯·K. 奥沙利文带头，负责全球所有Think品牌的台式电脑、笔记本、工作站、显示器、外设和软件。商业型客户、联想伙伴企业模式、中小企业市场交易保险费也是Think产品集团的主战场。Idea产品集团则以刘军为主力，监督Idea生产线中产品开发及投资组合管理。该集团目标为新兴、成熟市场中的客户以及中小型商业交易企业和低端产品。

后来，联想推出台式电脑LePad，将重心转移至新兴市场，尤其是印度。其支柱产品也由生产线中的高端产品转变为低端产品，这些低端产品在发展中国家潜力巨大的新兴市场中极受欢迎。

几年前，联想以“蛇吞象”的方式吞并了全球最大的国际公司。吃一堑，长一智，现在联想已在经验和教训基础上重整旗鼓。联想能否消化这只“大象”，能否继续应对刚刚理解又口新月异的国际市场仍有待见证。

第六章

康奈、海利、李宁：向价值链上游转移

我们的运动员背上印着外国公司的广告，这毫无意义。

——李宁

康奈集团建立品牌

温州的低成本产品受到限制

1979年，郑秀康成为一名制鞋学徒。那时他住在温州。温州是浙江省东南部的一个城市，也是由沿海进入浙江多山腹地的门户。改革开放之后，温州于1979年11月颁发了第一张个体营业执照。

当时，自主创业在整个中国蔚然成风，温州也渴望卷入创业的滔天巨浪之中。但维持生计是郑秀康创业的首要目的。他白天在机械厂工作，挣的钱不足以养活妻儿，因而需要赚更多的钱。那年他33岁，远远超出了多数人学做鞋的年龄。

“我们很穷，也很绝望。”郑秀康回忆。他当时面临两种选择：学做鞋或学做沙发。四口之家挤在只有90平方英尺的小空间里，郑秀康深知家中没有做沙发的空间。因此，做鞋似乎成了他的不二选择。当他的鞋子比别人的鞋子更畅销时，他毅然辞掉了白天的工作，全职且全身心地从事制鞋工作。

温州制鞋业有一个显著优势，那就是投资小、回报快。制鞋业是完全低成本的低端制造业。温州人几乎全部认同这种观点，但这恰恰也是问题所在。

一方面，温州4000多家制鞋厂，每年的总销售额约200亿美元。市场竞争日益激烈，鞋匠面对的低成本快速产鞋的压力也就越来越大。许多鞋子质量低下、寿命极短，起初得名“一周鞋”，后又降级为“一日鞋”。对很多人来讲，穿上这样的鞋实在是一件尴尬的事情。温州创立的负品牌很快便“联手”带来“灭顶之灾”。

1987年8月8日，浙江省杭州市政府当众烧毁了5000多双产自温州的劣质鞋。其他城市纷纷效仿杭州，上演“焚鞋”一幕。商场将温州鞋拒之门外，一些商场甚至打出“温州产品禁止入内”的广告。温州鞋商受辱失尊，其中近一半的人彻底转行。

康奈集团应运而生

然而，郑秀康并未气馁。1988年，他游走中国、调查鞋厂。他很快发现，自己碰到的鞋商对生产线一窍不通，对现代技术更是一无所知。郑秀康决定前往海外一探究竟。一路走下来，所见所闻让他瞠目结舌。现代化工厂、标准化生产是其找到的最佳答案。那时中国缺乏风险资本融资，因此他向亲朋好友借钱。所有亲朋好友手中都没有现金，但他们都以房子作抵押向银行贷款帮助郑秀康。

郑秀康回忆道：“房契堆起来能盖过脚面。”他用借来的80万美元建成了第一条生产线，280个人共同生产一双鞋。在那之前，这是两个鞋匠就能独立完成的任务。比起鞋匠制作的鞋子，生产线生产的鞋子并未偷工减料，但却能在短时间内产出更多的鞋子。鞋的质量始终如一，检测也更加简单。

郑秀康将其商标改为康奈，意为“健康发展，其奈我何”。不久后，康奈便成为中国知名的鞋类品牌。

康奈，后以康奈集团为名，在更新工艺和技术上大笔投入，很快通过ISO9002和ISO14001认证。现在，康奈的意大利设计团队每季度都会设计新颖鞋样，15000名员工每年生产800万双皮鞋。公司的研发队伍甚至与医生一起工作，设计有益健康的鞋子。该团队也直接与时尚顾问合作，探讨审美趋势及鞋文化。康奈的企业刊物中表明其双重宗旨为——用户满意和追求卓越。

康奈集团重视品牌发展。1996年，康奈开始从批发市场中抽身，并在全国建立特许连锁经营网络。到2007年底，康奈已授权中国2500个代理商及国外100多家零售店销售其产品。美国、法国、意大利、西班牙、葡萄牙、比利时和希腊等十个国家已被康奈征服。康奈成为第一个在海外建立自己品牌的中国鞋厂。

向价值链上游转移

康奈的经历反映了中国市场的发展趋势。鞋是一种简单产品，行业门槛不高，制作容易，而且鞋类生意获利快，因而温州鞋商争先恐后地挤进制鞋行业，郑秀康也是其一。

然而，市场竞争日益加剧，鞋商们被迫降低价格、摊薄利润。要想保住生意，他们必须快速生产更多鞋，并且必须降低成本。最终，他们突破底线，导致市场一片混乱。鞋商们很快发现，单就价格而言，受压迫的程度越来越高，直至最终无利可图。厂商只能通过自动化或简约化加工提高生产，或者向价值链上游转移，生产更复杂的产品。

这些复杂产品要么可以满足有限的细分市场需求，要么难以复制。销售与同行价格相近或质量相当的商品时，建立能让大众耳目一新的品牌是个不错的选择。即使这种想法不能付诸实践，也令人印象深刻。

中国优势

中国试图突破全球经济重围的最大优势是取之不尽的廉价劳动力，直到现在情况依然如此。2006年中国人口普查统计结果表明，中国2亿多农民蜂拥进城成为工人一族，这也成为有史以来最大规模的人口迁移。然而，事态并未就此停止，另有7.4亿农民仍散布在中国辽阔的土地上务农。在持续的人口爆炸及有限的土地资源等情况下，可能更多的人会挤进城市寻找工作。

之前，这些新兴一代农民工的月平均工资在63美元到125美元之间，约为西方工人工资额度的1/30；他们的日平均工作时间为10~16个小时。尽管现在经济已繁荣发展，但他们的工资增长速度仍不及中国GDP的增速。

富士康是中国一家为苹果公司生产iPad的厂商，2010年以来接连发生员工自杀事件。中国经济过热发展对工人造成的巨大压力引人深思。富士康立即做出大幅涨薪、提高员工待遇的回应。但富士康事件依然警钟长鸣：中国不应将其竞争力局限于低成本生产加工、低成本劳动力。

中国农村人口大量涌入城市，中国企业在可预见的将来愿意低薪雇用员工。随着中国制造业复杂程度的提高，中国企业会迫于这些工人的压力将越来越多的资源投入到对他们的教育和培训中，这种投入反过来又形成了中国较之西方更大的优势。与此同时，经济危机肆虐之时，西方国家都会有意减少教育投入。

许多新兴市场必须依赖技术并不精通的劳动力，这使得他们骑虎难下。并非每一名工人都具有高知识水平、高劳动生产率，但众人拾柴火焰高。中国的优势是在人力资本方面超前投资。

乔治·费登克里斯是派瑞·艾里斯国际有限公司的CEO，正如他在2004年沃顿商学院中国商业论坛中所言，中国的低成本劳动力、高劳动生产率是其比其他工业化国家及新兴市场国家而独有的优势。他说："或许美国劳动力的劳动生产率更高，所从事工作的技术含量更高，但是他们的价格也更昂贵。而多米尼加共和国和罗马尼亚等国的劳动力也许愿意接受与中国的劳动力一样的价格，不过他们的劳动生产率却没有那么高。"

尽管中国工业领域工资上涨，但仍有近1/3的人口以农业为主，而美国的这一比例不足2%，韩国也只有6%。农民工占中国劳动力市场的30%，他们的薪酬实际上每年只增长4%~6%。高盛集团的一份分析报告指出，现在劳动力成本在整个加工制造业成本中的比重较2001年有所下降。

工业领域的房地产业务、多联式运输、能源、机械等因素因时而生，为时而用，进一步加强了中国经济的成本优势。

西方如何从中国廉价劳动力中获益

消费类产品价格低廉，廉价商品可有效地平衡通货膨胀，这是西方消费者获得的好处。据经济预测机构环球透视报道，中国的低价产品使西方消费者实际支付的服装价格与20世纪90年代相当。尽管已趋于平缓，降价在一段时间内仍有可能继续。

中国已成为世界上服装、鞋类、玩具、袜子、文具、领带、打火机以及许多其他劳动密集型产品的头号生产国。2003

年，中国服装、纺织品的全球市场份额仅为17%。2005年1月1日，全球纺织品配额缩减，但对中国服装、纺织品的需求却陡然提升。2008年上半年，中国服装、纺织品出口值达838.5亿美元，中国当年的全球市场份额预计增长50%以上。

每年中国出口美国220亿件玩具，大约占美国玩具市场份额的80%。中国每年鞋产量超过100亿双，平均为全球每人生产一双半鞋。2000~2010年间，中国以出口为导向的低成本、劳动密集型轻工业在控制全球通货膨胀方面成绩斐然。

中国经济实行改革开放时，多数外国直接投资潮水般涌入初级加工企业和出口导向型企业。为刺激经济腾空发展，中国在环境、资源、能源方面付出了不小的代价。

然而，这一战略使中国破天荒地成为工业引擎，基于低成本、低质量、初级技术的经济增长不可持续，这一事实也逐渐凸显。中国人以产品数量抵消其在廉价中的损失，手表行业便是如此。中国每年生产12亿只手表，瑞士生产2600万只，但瑞士手表在全球收益中占60%。中国手表以每只平均2美元的价格批发销售，瑞士手表的均价则超过500美元。

低成本纺织品及鞋类的生产将势不可挡地向其他地方转移，以寻求更廉价的劳动力。例如，从日本到韩国中国的工业转移便是一种不可避免的转移。

外包制造走下坡路

跨国公司最初进入中国制造产品，是因为跨国公司可以努力压低劳动力以及产品的价格。制造业大量工作的跨国转移令那些失业的工人痛苦不堪，但中国也因此而致使环境破坏、空气质量下降、清洁水源匮乏，从而付出了惨重代价。

现今，原材料及能源价格的上涨不断向中国低端制造业施压。为更快地压低成本，中国企业的一些生产线甚至生产了劣质产品和含有危险原材料的产品，这使得购买中国制造的消费者开始消极地看待中国产品。

东莞福安纺织印染有限公司的警世遭遇

一些工厂厂长认为可以畅通无阻地增加产量而无视环境代价，这种疏忽大意实际上是在打法律的擦边球，毕竟危险有毒废物的处理极有可能违反法律。

例如，2007年中国环境保护部门的官员接到群众举报：一条当地河流已变为暗红色，水中漂满死鱼。罪魁祸首为占地230英亩的东莞福安纺织印染有限公司，该厂为全球第一大针织棉制造厂，其针织棉供应量占全球6%，其中大量产品销往美国。2006年6月，中国环保部门的官员调查发现，福安公司在本厂地下埋有排水管道，每天向河中偷排约22000吨含有化学物质的污水。

为降低有毒废水的处理费用，一些纺织品生产商铤而走险，贸然违反中国水污染防治法。他们大错特错。最终，该厂总部——置身香港的福田实业集团——不得不缴纳约150万美元罚金平息此事。

中国政府正大刀阔斧地开展环保大战，抑制环境破坏行为。福安公司的倒闭只是这场大型战役中的一次小捷。此举也是杀鸡儆猴，警告某些工厂厂长：为所欲为的日子已一去不回。

纺织品：两侧受压的三明治

现在，中国的纺织品生产商如同三明治般两侧受压：西方零售商要求产品降价，棉花生产商则要求棉花涨价。中国的棉花产量为世界第一，但大量的生产需求却使中国不得不从美国和其他国家进口越来越多的棉花。

仅2005年一年，中国纺织业的棉花需求就增长42%；2014年，中国的年均棉花需求量将达到1200万吨。2001年棉花价格为0.3美元/磅，而2007年每磅则高达0.7美元，六年间涨幅达1倍之多，棉花价格在今后几年内预计还会翻番。中国从美国进口的棉花量比其他国家都多，与此同时，美国又以中国向其倾销纺织品为由指责中国。

中国的劳动密集型加工企业是薄利生产的典型代表。成本稍稍上涨或外国需求猝不及防地下降都会使部分加工企业倒闭。

中国工业化飞速扩张的30年引起了国际间的贸易摩擦及反倾销税，中国企业也在有意识地加紧在其他发展中国家获取原材料，这跟以往的中国形象相距甚远。权衡成本与收益之后，中国政府正在摆脱低端制造业，转而大力投入增值性高的技术产业的动机越来越强烈。

中国国家发展和改革委员会发布的《外商投资产业指导目录》中指明了中国经济新的发展方向，目录于2007年12月1日生效。在过去相当长的时间内，中国对工人的个人权利、工作状况及环境保护考虑不够。忽略这些问题而产生的代价越来越严重，中国政府的工作重点近些年也显示力求改变的迹象。新《劳动合同法》为劳动者提供了更多权益方面的保护，对环境控制更为严格，同时使审批程序更为严紧。例如，政府正取消劣质玩具制造商的出口许可证，曾享受补贴待遇的企业现在需缴纳更多税款。

游戏新规则

中国发改委公布《外商投资产业指导目录》，并大尺度地修改了中国的对外投资战略。新目标将战略重点由注重生产数量转为生产质量，同时指导目录将外国投资分为“鼓励类”、“限制类”和“禁止类”三大类。政府鼓励外国资本对先进技术、现代制造业、可持续资源及环境保护等方面的企业直接投资；允许外国资本对传统企业、出口型企业直接投资；限制或完全禁止外国资本对大量使用能源、大量依赖自然资源、产生大量污染的企业直接投资。

2008年1月1日生效的中国《劳动合同法》增加了公司雇工的难度，也进一步击垮了廉价的制造业。一些依靠廉价劳动力的公司因此迫不得已迁厂，它们的目的地是那些工资依然很低的地方。人民币升值、贸易摩擦不断增加、需求降低、退税减少、原材料价格上涨，这些因素使得那些出口导向型、劳动密集型企业发现依靠微薄利润已经难以为继。少数企业已由沿海地区迁往内陆省份城市，那里的成本相对低廉。其他企业则将制造业转至印度尼西亚、孟加拉国、越南、柬埔寨等国。

觊觎中国低成本制造业平台的跨国公司，最终将悉数退场。据美国商会与博思艾伦咨询公司联合研究的《2007~2008年中国制造业竞争力》报道，接受调查的公司中，有近17%曾计划撤离中国。他们的理由包括：人民币升值、原材料价格上涨、工资上调、员工难以留住。90%的受调查公司表示最初被中国廉价的劳动力成本吸引，但他们现在发现，其他国家劳动力成本更低，且有更优惠的税收政策，印度和越南当下高居榜首。许多中国企业也跟随潮流，迁厂至内陆省份或将加工业务完全移至他国。

调查显示，企业留在中国的主要原因是其巨大的国内市场。那些仍想留在中国的企业表示，他们已开始注重新兴商业模式，并以质量、品牌建设、生产更有价值的产品为基石。有如康奈集团中国公司正在经受同样的压力。在某些情况下，彻底放弃初始业务、改弦易辙或者暂停运营、另辟蹊径都是可选方法。

海利：经历风雨见彩虹

海利玩具的故事表明了对市场环境和时机的高度敏感可以将企业之帆推向不曾预料的方向，最终产生丰厚利润的协同效应。

2008年，中国玩具业遭受高成本及国内坚挺通货的重创，也因质量安全问题而受伤，因而出口量急转直下。

中国玩具企业一直忍受激烈的竞争，被迫在微薄利润之上经营。例如，一把玩具剑在加利福尼亚州的商店里可卖到7美元，但中国制造商的净利润不到1便士。除非制造商有自己的品牌、先进的技术，具有创造性，能产生附加价值，否则极可能陷入多数原始设备制造商所经历的困境。

制造商最终将成为三明治的夹心，两面受挤：一方面，原材料价格上涨；另一方面，消费者则一直希望以更低价格买到同样产品。当一系列玩具产品因有毒涂料及其他安全隐患问题而被召回时，消费者开始对中国制造的产品质量充满怀疑，这又给出口型玩具企业当头一棒。

2007年8月，中国政府展开全国性打击劣质产品活动。至少700家公司因违反安全标准而受到“当场处决”——撤销玩具出口许可证。尽管玩具行业进入寒冬，海利玩具（浙江省的一家玩具制造商）2007年销售额却高达1.1亿美元，其利润高于同行5倍。

方光明是一位白手起家的亿万富翁，也是公司的创始人之一。1992年，方光明在海盐建立了第一家玩具厂。那年他25岁，动用了4000美元的全部家当建设新厂。

海盐是一座人口约30万的小城，与上海、杭州相距不远。玩具行业为劳动密集型产业，因而投资成本低，设计简单，容易模仿。几年间，海盐的玩具厂数量便增长10倍之多。方光明的企业很快面临激烈的本土竞争，利润越摊越薄。迫不得已，方光明和他的玩具厂为存活只得苦苦挣扎。

从玩具成品到纤维材料

多数地方性玩具生产商应对竞争的策略便是对员工施压，使他们更努力、更快速地工作。方光明坚信这只是权宜之计。因而，他将重点放在降低填充物成本上。这种填充物由人造纤维制成，是玩具中的关键原料，占玩具生产成本的1/3。

20世纪90年代，中国的玩具生产商需要高价购买进口纤维。方光明相信，将进口纤维换或国内产品，将大幅降低生产成本。于是，他并购了当地一家纤维公司，并与一家韩资企业建立了合资企业，韩方提供生产聚丙烯纤维的技术和设备，其纤维产品将用于填充玩具。经过实践，方光明发现每吨填充物可节省800多美元。节省的这笔开支使海利玩具具有了巨大的成本优势。

然而，这一优势犹如昙花一现。不到三年，当地其他玩具生产商便纷纷模仿。1998年，方光明的玩具厂再一次获利下降。他开始摸索利润更加丰厚的商业机会。

变频器风波

方光明在分析成本时意识到，控制自动纺织生产线的变频器不断抛锚，因而维修成本难以预料。此外，变频器一旦抛锚，整个生产线将停止运行。如果方光明不能立马找人维修设备，那么他要为停产的这段时间付费。方光明指出，维修变频器成本高、价格贵，但转念一想，他觉得这或许是一个新商机。据他了解，海盐政府愿意帮助当地企业发展高科技。方光明和几个合伙人成立了新厂——海利普，新厂生产变频器并为当地生产商提供组装以及业务在用的变频器提供维修服务。

变频器生产与维修是泾渭分明的两种业务。海利普以逆向生产日本主流产品为起点。但由于研发、设计能力有限，海利普不能在日本产品技术上进行再设计，便将一些资本更为密集的程序实施部分外包。

例如，将电路板制造业务部分地外包给当地承包商，而海利普主要负责最后的组装和检测。即使是基本变频器，也要由1000多个元件组装而成，其中一半元件从国外进口。方光明认为，成功的关键是选择正确的元件并保持组装过程中的高质量。公司营业第一年，因劣质元件或组装错误而无法使用或返厂的变频器高达90%。那一年，海利普损失惨重。

面对巨额亏损，尤其是连以前赢利的维修、保养业务也开始损失，管理团队惊慌失措。方光明仍坚定不移地将想法付诸实践。他对管理团队说："作为企业领导，我们必须成为先驱。创新永远不会廉价。"

管理团队很快意识到，若不提高变频器质量，海利普将关门倒闭。2002年，方光明雇用一名对此业务非常熟悉的行家里手帮助公司开发产品、控制质量。这一招果然奏效。

海利普提高了产品质量，价格又比同行低40%，其2002年销售额激增至966533美元。借助低成本结构，海利普甚至实现了高达30%的利润率。2003年，海利普销售额和净利润分别达到2416334美元和845717美元。2004年，销售额增长4倍，达到10270041美元，净利润则创379559美元之新高。此时，海利普成为国内变频器生产商的领跑者，市场份额达到2%。

海利普的元老们志存高远。公司不仅想在巨大的市场份额中占有一席之地（"足够好"的变频器可以轻而易举地满足他们的需求），还希望涉足汇聚最优产品的高端市场。公司内部的研发能力有限，因而海利普转向大学寻求新技术、新产品。

2004年，海利普与清华大学一名教授联手启动了一项价值241648美元的项目，开发更高性能的变频器。项目失败后，海利普管理团队心中清楚，缺乏创新技术将是公司未来发展的主要障碍。正如方光明所言："现在我们知道水有多深了。"

为获得所需技术，海利普需要额外资金。公司聘请普华永道助其准备首次公开募股并发放原始投资人的部分资金。一些股东强烈要求现金支出。方光明仍需资金扩大其玩具业务并升级网络玩具业务模式。他心中还有几种投资方案，但多数方案要求大额初始资金，他也发现现金支出比IPO程序更具优势。

2004年11月，海利普高层管理部门与丹佛斯中国运动控制器部门副总裁叶艾和率领的团队会面，详细分析两家公司的实际情况后，海利普内部达成一致，认为将公司卖给丹佛斯是更优选择，而不是求助IPO。另外，海利普可以利用丹佛斯的技术升级其生产线，继而凭此进入新市场。2005年11月，丹佛斯运动控制器部门成功收购海利普。

网娃世界

方光明认为自己在过去的经历中表现得十分睿智，他说：**"作为一名企业家，你必须清楚自己能改变什么，不能改变什么。你必须无所畏惧，决定自己前进还是后退。技术创新永无止境，创新性思想又是创新的灵魂。"**

2004年，海利玩具与加拿大Ganz公司握手联盟，共同售卖网络玩具。Ganz投资2000万美元建立网站，所有可爱喜人的玩具则由海利供应。

2005年4月29日，公司提出最具创造性的新思路——改造填充玩具宠物。据公司宣传刊物介绍，这些可爱的毛绒宠物名叫网娃，每一只网娃都有一个独特的密码。拥有密码，就可以进入网娃。在网娃世界，你可以照顾你的虚拟宠物，回答琐碎问题，赚Ganz币（网络世界的货币），还可以在网上玩最棒的儿童游戏。

一时间，网娃炙手可热。孩子们可在网娃世界为其宠物创建网络身份，领养宠物，为宠物喂食、穿衣，甚至可以为宠物房间布置家居。孩子们也可以通过领养新宠物、玩在线游戏、做零工或者回答问题赚取Ganz币。网娃世界具有实际的教育意义，孩子们可以在理论上学习如何与宠物共成长、玩游戏，也可以在此基础上增长见识。

网娃在海外市场的成功使海利玩具的销量爆炸性增长。2008年，海利玩具获得了Ganz批准，在中国重新建立网娃网络。传统玩具市场与海利升级的网络模式相辅相成，共同提升了海利产品的价值，也为海利玩具在高手如云的行业中成功开辟发展新路立下了战功。

历史教训

我们可从康奈和海利的案例中看出，低成本业务模式很难与变化莫测的市场长期并驾齐驱。将企业移出中国，寻找更廉价的劳动力或许是这些企业的缓兵之计，但向价值链上游转移的意义则更长远。价格竞争使竞争超出本行业时，海利产品建立了可信的品牌识别，这也是海利集团得以幸存发展的主要原因。在更多同行纷纷破产时，海利却能牢牢抓住市场份额，同时能够实现兼并收购。

海利玩具没有盲目地依靠偷工减料生产更多玩具，而是分析了自己的工艺流程，充分挖掘市场机遇。在实现利益最大化几乎为天方夜谭之时，海利却能够在新市场领域安营扎寨；也是在行业利润空间逐渐萎缩之时，海利却能够走出低迷，一路高歌。结果，海利的资金资源增加了，海利还利用这笔新资源抓住新机遇，巩固了其在整个市场中的地位。

海利和康奈起初都是简单、成本低廉的劳动密集型企业，对他们而言，创新则是他们生存下来的法宝。

李宁借名人建立纯中国品牌

运动鞋与其他鞋的区别或许更多地在于情感方面而非运动层面。体育运动是无限突破极限，运动爱好者乐于寻求一切能给他们带来优势的东西，哪怕只是微不足道的优势。对那些未获得金牌但却希望夺冠的运动员而言，身着某品牌服装可使他们与冠军之间形成某种情感联系。金牌得主代言的运动服装、运动鞋意义非凡。在温州4000多家鞋厂中，耐克、阿迪达斯等品牌企业鹤立鸡群，而那些“鸡群”企业则倍受挤压，从而产生了负品牌。

若脚蹬独特醒目“对号”标志的耐克鞋或富于个性标识的阿迪达斯鞋，无论感觉正确与否，你都会感觉自己与穿同样鞋的奥运冠军同属一个组织。几乎所有生产商都能生产衬衫、运动裤、运动鞋，但对于想销售这些产品的生产商而言，品牌识别能增加其价值力量，助其在一般产品中标新立异。

耐克和阿迪达斯想与中国建立非凡联系却经常碰壁，主要原因是它们的外国身份。李宁有限公司为中国企业，这是它在中国市场的优势，至少在某种程度上如此。

李宁公司的运动服和跑鞋在中国生产，但公司却尽力与美国的一线体育明星签约，其中包括NBA球员沙奎尔·奥尼尔和埃文·特纳。中国国内的某些地方性产品质量可能存在问题已在许多人脑海中根深蒂固。许多市场分析者推测，外国运动员代言所赋予产品的可信度已淹没了人们的这种思维，一些中国品牌由美国体育明星或其他国家体育明星代言正是出于这样的考虑。但是要使中国消费者坚信这些土生土长的品牌符合国际标准仍有很长的路要走。依据上述逻辑思维，签约美国体育明星的目的是促进中国本土市场的消费，而不是增加其在国际市场的销量。当然，尽管李宁公司在国外市场中的销量仅占总销量的2%，但这并不意味着李宁缺乏走向国际化的志向。

李宁公司落地发芽

体育名人李宁退役后，集中精力为中国体操运动员生产一流的训练设施。1989年，李宁公司的前身——广东李宁有限公司成立，这几乎是突发奇想。“没有钱，我们什么也做不了。”李宁观察发现后，成立了体育用品公司，旨在促进中国的体育产业发展。

那时，李宁不仅是中国最伟大的运动明星，也是全球的体坛骄子。1999年，国际奥委会授予他“20世纪最佳运动员”荣誉称号。他的成就使他可与穆罕默德·阿里、贝利、迈克尔·乔丹等国际大腕比肩。

1963年，李宁出生于广西柳州。在其19年的运动生涯中，他共揽获了106枚体操比赛金牌。1982年，萨格勒布举办世界杯体操赛。在男子7个个人项目中，李宁摘得6金，获称“体操王子”。1984年洛杉矶奥运会中，他轻松包揽3金2银1铜，奖牌数成为当届奥运会之最。1988年，李宁在汉城奥运会中负伤，那时他已是国际奥委会运动委员会成员，他在负伤后不久便退役。

李宁认为，中国体育设施与设备的不足是中国年轻运动员训练的主要障碍，因而，他在寻找事业发展的新方向时，毅然决定为解决这一问题做出贡献。他注意到，中国最优秀的足球运动员不得不在城市的街道、马路上踢球，学习比赛规则。中国人引以为傲的乒乓球冠军则可能在混凝土台子上学习比赛技巧。

李宁曾担任广东健力宝集团总经理特别助理一职，在此之中他积累了一些管理经验。1989年，李宁得知北京计划于1990年举办亚运会，竞标成功的公司可为火炬传递提供运动设备。大量外国知名运动服装企业纷纷投标亚运会服装。

李宁宣称，中国运动员背上印着外国公司的广告是一种耻辱。最终，他拿下了合约，为赛事提供1万套服装。李宁作为体育明星的名气成为赛事服装的有力卖点，因而他决定以自己的名字作为服装品牌。

亚运会大捷后，李宁将公司迁到北京，并决定重点为其他运动爱好者提供服装和用品。2004年6月28日，李宁公司在香港证券交易所上市。IPO融资7054万美元，公司因此成为专业化管理公司。同时，公司在香港建立研发中心，其用意是与国际趋势接轨，开发设计新产品，并使李宁产品具有全球竞争性。

成长与发展

2003年，李宁品牌影响力不及耐克、阿迪达斯等外国品牌，但其生产的运动服、运动鞋已占国内市场一半还多。2004年到2008年间，李宁公司每年约增加800家连锁店。截至2010年8月，中国已有7000多家李宁专卖店，主要城市中有11家旗舰店，新店雨后春笋般纷纷开业。

绝大部分专卖店产品由130家分销店特许供应。公司每年设计600多款新鞋。旗舰店的初衷是建立品牌识别和可信度。李宁计划在2013年将连锁零售店扩张到900多家。李宁公司同时宣布整合或关停600家销售业绩不佳的零售店，并将其迁到更有商业前景的地段。

2010年夏，李宁已占据了中国运动服市场14.2%的市场份额，但仍落后于占市场份额16.7%的耐克。阿迪达斯在中国市场份额中轻微下滑至13.9%，被李宁超越。尽管李宁运动服、运动鞋销售额分别下降7%、8%，但其利润仍保持在46%~47%的水平。李宁的战略是进军中国二三线城市及农村地区，这些地区的人们已有足够的可支配收入购买体育用品。

李宁早先采用的LOGO好似流体风格的字母L，又与耐克著名的“对号”极为相像。此外，公司的原始标语“一切皆有可能”与阿迪达斯的宣传标语“没有什么不可能”相呼相应。

2010年夏天，李宁公司宣布启用新LOGO。新LOGO在L转折点处切开，与汉字“人”较为相似。公司同时使用了新标语“让改变发生”。这一系列举措清晰地表明：从现在开始，李宁要依靠自己的优势参与竞争，并希望标新立异，与耐克和阿迪达斯一较高下。李宁将不再是虚弱无力的复制品。通常而言，李宁产品的质量与耐克、阿迪达斯、锐步相当，但却具有明显的价格优势。李宁生产线冠居全国同行业之首。

国际战略及外国竞争

1999年，李宁便开始在全球扩张，但其2008年收益中，98.8%仍来自国内市场。公司的一些董事会成员担心，国外竞争愈演愈烈之时，在国外零售商店中投钱将可能致使李宁公司在国内运营时饱受资金缺乏之苦。2007年，荷兰马斯特里赫特一家李宁旗舰店开业，这主要得益于两名荷兰企业家的建议。但公司仍不能保证将产品全面投放欧洲市场。公司管理层之间的争议致使马斯特里赫特分店未能具备一定的规模，该店一年后倒闭。

尽管李宁公司是中国市场中的状元，但状元之位能坐多久无人知晓。近来，随着国内市场压力不断攀升，耐克、阿迪达斯看准中国市场新利益，卷土重来。耐克曾将全球市场分为四大区域。中国、日本与其他沿亚太地区分布的亚洲国家和地区同属一区。

2008年北京举办奥运会之际，耐克已将其全球市场重组为六大区域，“大中华”独成一区。目前，耐克已占据了中国40%的市场，并对外表示中国极有可能成为其最大的市场。国外市场竞争激增的前景似乎给了李宁不竭的发展动力。为了避开跨国公司已攻下的领地，李宁在新加坡开设旗舰店并计划在东南亚新开100家零售店，主要集中在印度尼西亚、新加坡和马来西亚。2009年12月，李宁香港旗舰店开张。一个月后，其在美国的第一家零售店开始营业，这家零售店位于奥勒冈州波特兰，距耐克旗舰店不足1英里。

李宁公司此次的国际战略有两大目标。其一，在公司未涉足的盈利市场试探性投资；其二，建立在中国境内可与耐克、阿迪达斯、锐步等对手较量的可信度，且公司认为这一点尤其重要。如果李宁能在耐克、阿迪达斯占据绝对地位的海外市场吞噬利益蛋糕并供应质优价廉或价格合理、质量可比的产品，那么这样的产品多多益善。

北京奥运会期间，李宁在中国市场大获全胜。开幕式上，李宁点燃了奥林匹克圣火。借助钢丝线，李宁高悬空中；钢丝线末端与其身上的吊带相接，他在此基础上带来一系列精彩无比的表演。他如同在空中奔跑，聚光灯沿体育场墙壁随他而动，最终，他为全世界的运动员点燃了奥运圣火。

自那以后，公司便着眼全球，精挑细选能为其代言的国际体育明星。签约沙奎尔·奥尼尔和埃文·特纳便带来了巨大成功，但公司仍与NBA球队签订合同，确保NBA比赛中投放李宁广告且NBA明星为其产品代言。此外，李宁成为美国跳水队2012年全年官方服装赞助商，同时赞助美国乒乓球队（很显然，比起大多数美国人，这一项赞助对中国观众的影响更为重大）。

为使更多观众获得李宁的品牌信息，公司设计了一系列平面电视广告。其中之一有三只分别炫耀耐克、阿迪达斯和李宁LOGO的尺蠖，他们缓缓爬过一片白色宽阔空地。突然，李宁标志的胶底运动鞋如雪花般纷纷落下，砸向它们。镜头回放，不计其数的李宁胶底运动鞋散落地上。

李宁能否足够强大、迅速地开发国外市场，并在自己地盘上击败外国对手仍是李宁公司所面临的诸多问题之一。为获得更多机会，李宁公司大幅增加了广告支出，其在美国的广告费用也增加了1000万美元。美国富乐网上李宁产品的销量远远落后，部分原因是因为李宁公司的核心是为中国客户制造、设计产品，而不是专门为外国人设计产品。

为跨越这一障碍，公司宣布任用20名产品设计师，专门针对外国市场进行设计。李宁公司执行官们直言不讳地宣布，2018年李宁要成为世界运动品牌五强之一。这是一个长期而艰巨的目标，但一切皆有可能。

第七章

正泰开启中国电气时代

分享财富，人后认之。

——正泰哲学

南存辉、温州及正泰建立

1963年7月，南存辉出生于温州市乐清县。南存辉其人正是正泰集团的CEO、董事长、未来建设者。从小到大，南存辉所受的教育更倾向于实践而非理论。“文化大革命”期间，为使家人食能果腹，他6岁时便在温州街头卖鸡蛋以贴补家用。

和同龄孩子一样，南存辉后来进入学校学习，父亲则修鞋赚钱、维持家用。距初中毕业仅剩17天，父亲遭遇了事故，失去了劳动能力。年仅13岁的南存辉辍学回家，操起父业。背起父亲的工具箱，他开始在温州的大街小巷寻找顾客，经常早出晚归。尽管他每天最多只赚几块钱，但他的生意却比许多同行都好。南存辉解释道：“我干活又快又仔细，所以比其他修鞋匠挣的钱多。”

改革开放改变了中国人的命运，同样使南存辉的命运彻底改变。许多温州人背井离乡，寻找工作，其他人则开始在温州街头巷尾做买卖。南存辉此时开始创业。

南存辉认为电子部件和元件是块难啃的骨头，但却是前景光明的行业。在投入小、损失少的行业背景下，南存辉成立了正泰电子配件生产厂。他的初始思路十分简单：拆卸几个电子部件，复制生产，当地销售。

2008年，正泰集团已成为中国最大的低压电器产品生产商，生产输配电设备、测量仪表、仪器仪表、光伏产品。而正泰的前身，正是南存辉30年前在温州建立的小工厂。

2006年，正泰集团位居中国100强企业福布斯榜第15名。2006年，正泰在中国的2000家零售店及海外80处销售总代理的共同销售额超过20亿欧元。中国国家工商总局授予正泰"中国驰名商标"称号，这是中国优秀企业至高无上的荣耀。

现已为亿万富翁的南存辉曾作为人大代表参加了多届全国人民代表大会。从毫不起眼的修鞋匠到今天的功成名就，南存辉走过了漫长的道路。

求精开关厂

南存辉步入电器部件与元件行业时，面临两种选择：建立自己的加工车间或从事销售工作。两条路皆困难重重。他既没有技术知识，销售经验也不足，甚至从未走出过家乡。

最终，南存辉决定和三个合伙人一起办工厂。第一步是买一些简单开关，拆卸开关并在纸上大体画出各个部件草图以便理解工作原理。四人团队卖力工作，扣除成本后，第一个月的净收入总额为10美元。四个人赚的钱只相当于一名工人的一个月工资。其他合伙人深感沮丧，放弃了项目，但南存辉却做出了正确选择。他为公司盈利而欢欣鼓舞，即使合伙人不看好公司的前景，他依然决定前行。南存辉的父母劝他关停工厂、继续修鞋，至少修鞋每天可赚3~6美元。

1984年7月，南存辉与发小胡成中搭档，开设了一家新工厂，名为求精开关厂。两人各投资6465元启动新厂。事实证明，两人的特长珠联璧合：南存辉在生产和管理中左右逢源，胡成中则在销售方面如鱼得水。两人一致认为，即使整个行业鱼龙混杂，质量和品牌认同仍是制胜的关键。

南存辉和胡成中对技术一窍不通，他们前往上海，请国有开关厂的退休工程师出马。由于没钱住旅馆，所以他们在努力聘请的技术人员家中打地铺。几名工程师赶往温州参观南存辉及胡成中的设备，简陋的工厂让他们打了退堂鼓。最终留下来的工程师寥寥无几。打动他们的不是工厂的机械设备，而是两位年轻人激情四射的。

20世纪80年代，中国经济蓬勃发展的势头进一步增强，南存辉对行业发展的直觉也完全正确。几乎所有的电器产品都供不应求。温州以“中国电器之都”著称，当时的买家竞相涌入温州的电器跳蚤市场。不管能不能用，跳蚤市场上所有商品应有尽有。当时不存在质量标准，产品检测更是闻所未闻。当地生产开关的同行使用劣质脆弱的塑料或在开关触点处用银量不足。一些厂家甚至以铜为原料，其产品很容易生锈。

南存辉和胡成中坚决保证产品质量，即使其产品在竞争市场中价位更高也是如此。南存辉毅然决定了自己的发展哲学，这也是他的性格使然。他说：**“我们决不在影响人生命的买卖中弄虚作假，我们绝不靠弄虚作假赚钱。”**消费者对劣质产品越来越失望，花高价购买优质产品的意愿也在逐渐增强。求精开关厂的顾客规模空前壮大，其1986年的净利润约为3000美元。

为进一步改善质量并获得国家的正式许可证，求精开关厂的一名工程师提议投资86886美元建立检测实验室。那时，工厂的总资产不足28962美元，这项提议似乎是天价投资，但南存辉和胡成中却决定全力以赴。他们四处借钱，在当地建立了第一个热继电试验室。工厂每月需支付2.5%的个人贷款利息，两人又以家中房屋作担保。由于建立了实验室，求精开关厂1988年获得国家机电部批准，生产机电产品。求精联厂成为温州地区首个获此殊荣的工厂。

不久之后，温州因多家小型工厂质量管控不合格而经历了长期的逾期危机。1990年，一个不合格的电开关迸射火花，导致了煤矿爆炸。由国家8个部委组成的团队亲临温州，严打无证的电器产品。为期五个月的严打活动效果非凡：1267家低压电器产品销售店及1544个家庭作坊被勒令关停，只有20%的生产商幸免于难，产品对质量精益求精的求精开关厂也在20%的生产商之中。求精开关厂因可信度脱颖而出，以合格产品为基础继续扩展市场份额。

1990年，南存辉和胡成中决定分道扬镳。两人将各自拥有工厂209065美元的资产。胡成中另立山头，建立了德力西；南存辉则创办了正泰。两个公司在输配电开关方面你追我赶、不分上下。

正泰扩张

为吸引外国直接投资，温州市政府为外国合资企业提供了厂房、水、电等优惠条件。温州许多优秀的创业者决定利用这一新政策。

1990年9月，南存辉以中美合资企业的形式建立了温州正泰电器有限公司。他把弟弟、妹夫也招入新公司，这与中国的家族式企业有些类似。南存辉持有的公司股份从100%下降至60%，公司成立之初的9名员工全都成为股东。

正泰的低压电器业务扬帆起航。公司举资170万美元升级生产线、建立新厂。同时，公司投资企业资源计划项目，以控制不断壮大的生产、销售、财务、人力资源。1994年，正泰出资463972美元，购买了当时国内最先进的检测设备，并建立了中国民营企业有史以来最大的低压电器产品检测实验室。

迅速成长及重组

1988年，正泰斥资建立检测实验室后，得到了国家机电部的投资及生产许可证，这很快又带来了收益。国家实行更为严格的管理措施后，当地那些未获批准而无法运行的电器生产商纷纷投奔正泰，迫切希望能在正泰品牌下经营公司。在这笔互惠交易中，正泰坐收专利税和管理费。1994年年初，正泰旗下已有40多家公司。

吸收如此数量的小公司保证了正泰的迅速扩张，但也存在弊端。实践证明，管理如此多的公司远比经营一家核心公司复杂。质量控制尤为困难。为加紧控制日益壮大的正泰，南存辉不顾几位家人的反对，1994年开始实行股票分持制度。这一制度使正泰成为掌控48家公司的将军。

这些成员也分不同等级：100%所有权、50%以上控股、20%~50%单人最大控股、低于20%参股。正泰的股东数量增加到40个。南存辉在公司的股份降至40%，但股票交易却使正泰的净资产由463972美元上涨至5799656美元。其后三年，南存辉的个人资产增长了20倍。

完成股票再分配后，南存辉又在集团内部进行了一系列结构改革：扩展核心业务，淘汰产品劣质的分公司，重点栽培增长潜力较大的公司。

建立销售网络

1990年，求精开关厂一分为二，胡成中保留了销售团队的原班人马和资源。南存辉的新公司（正泰）短期利亏，但正泰立即着手在全国主要城市建立新的销售网络。幸运的是，温州销售人员充足，可解正泰燃眉之急。完善发达的销售网络成为正泰日后成功的主要功臣。

跨国公司业务主要集中在一二线市场，正泰的销售人员却活跃于各种级别的市场。温州的销售人员习惯于长途奔波、不畏旅途艰辛。20世纪70年代末，中国实行改革开放时，正泰销售人员肩扛样品，行程长达上万里。

为深入偏僻农村，销售人员在泥泞的乡间小路上每天行走10个小时，这种现象可谓司空见惯。如果销售人员能和其他20个人分享一间旅馆房间每晚仅需付0.23美元，即使这样销售人员也会将之视为一种奢侈行为。20世纪90年代的正泰销售人员人人具有此种毅力，正泰很快就建立了覆盖偏远城市、乡村的销售网络。跨国公司则缺乏齐头并进的人力和资源。

直到1995年，温州销售人员才得以定期与顾客洽谈，并带着订单返回公司本部。1995~2000年间，正泰在主要城市中设立了10个销售办公室。这些办公室又下设销售代理机构，并通过零售店或小商店将销售触角伸向更小的城市。2000~2005年间，正泰又将这10个销售办公室升级为10个销售中心。销售中心的任务是强化销售、市场营销、售后服务业务并缩减货物运送时间。

历经15年的迅速扩张后，正泰开始意识到优化销售渠道的必要性。多处销售代理点由直接送货上门的正泰销售人员设立并管理。许多销售人员在工作地定居。

正泰已由家族式企业转变成为现代化企业，因而需要零售店提高销量、提供更优服务、提高资源利用效率。正泰通过建立分层销售体系解决这一问题。销量大、技术能力优、售后服务可靠的特约经销处（经销商）可得到更多折扣。核心经销商可享受更多优惠条件；不能满足销售目标、表现不佳的经销商则有可能被取消。基于已有关系的销售网络需要改变规则，因而三年的蜕变过程艰难而痛苦。2008年，正泰已有10个销售中心、7家销售公司、900个大型经销处、2000个小型经销处。

与员工共享股权——企业存活的关键

尽管重组是前所未有的挑战，南存辉还是决定践行着让人人都能创造财富，让人人都能共享财富的箴文。对多数企业而言，聘用并留住最优秀的人才是一个巨大的挑战。增加员工责任、提高薪水在一定程度上能发挥作用，但最有效的方法是使员工共享公司股权。

深思熟虑之后，南存辉决定用股票嘉奖骨干员工，这在中国是非凡之举。从1998年到2008年，公司股东由40位持续增长到100位，而南存辉在公司的股份则由40%跌至20%。每年，通过股票奖励正泰都会诞生几位百万富翁。南存辉的经商哲学重在分享而非慷慨赠与，这对经营好企业而言意义深远。

随着股东数量不断增加，正泰组建了董事会和监事会，董事会中还有几名外部董事。现代化的所有权及管理体系的建立，使正泰释放出增长潜力并为正泰上市铺平了道路。

质量为重

正泰集团以质量为重，这有时会在一定程度上令顾客大为吃惊。1995年，希腊一位顾客收到空运货物后瞠目结舌。货物运费已超过了正泰此笔订单的利润，正泰又为何选择空运货物？

原来正泰的货物起初到达远洋货运代理人手中时，一名质检员发现一些货物中存在瑕疵。依据国内标准，这些货物为合格产品，但依据正泰标准，这些货物则不合格。南存辉亲自检查货物，并作出暂停运送货物、彻底检查的决定。他深知质量是品牌的生命线，因此宁愿赔本也不愿失信。南存辉错过了海洋运输的最后期限，无奈之下只得选择空运，以确保货物能按时交付，而实际上需要支付的空运费用超过6万美元。他解释道：“我宁愿破费上百万元，也不允许任何不合格产品出厂。”

自1995年以来，每年5月为正泰的“质量月”。另外，所有货物运送之前必须经一位以上质检经理签名以保证产品质量。厂内一位质检经理因严格苛刻而在厂内树敌众多。南存辉听说此事后，却将她提升为股东。

数年来，正泰已形成了一套行之有效的质量保证体系，其中包括工厂自动化、产品检测、监测、员工反馈问题的质量热线。由劳动密集型企业向技术密集型企业转变也使正泰产品质量得到极大改善。2004年，正泰荣获“国家质量奖”，这是国家的最高质量奖项，正泰也实现了私营企业在低压电器领域此奖项为零的突破。

投资研发

以前，中国的许多小型企业曾逆向生产已上市产品，以探索其工作原理。随着企业不断壮大，多数企业家们意识到发展自己独特技术的重要性。

南存辉坚信，只有积极创新，正泰才能茁壮成长。因而，正泰在研发新技术、升级新产品中着墨很多。1996年以来，正泰将3%~5%的年度销售额用于研发，并在美国硅谷、欧洲、中国各地建立研究中心。正泰有2万名员工，其中20%从事技术工作。自1998年至今，正泰已推出100多种新产品，其中大多产品都拥有独立的知识产权。

南存辉的成功使他人渴望复制其创新成果，即使最小的创新也是如此。例如，正泰（CHINT）在图标字母“I”上加了一个红点，一周后，许多公司也在其图标上加上了红点。即使是正泰的会议室布局，也不断遭到同行业的炮制。其实，从产品到销售渠道根本不存在秘密，一切都可被复制。南存辉并未过于心烦意乱。"效仿者复制速度很快，"他说，"这促使我们更积极地创新。如果没人复制我们，我们会固步自封、深陷麻烦。"南存辉清楚，正泰与跨国公司之间的技术差距依旧甚远。

南存辉的挑战

依据价格，低压电器产品市场分为M1到M4四部分。M1为高端市场，M4则是廉价低端市场。中国许多地方性小企业与M4市场挂钩，他们通过跳蚤市场供应质量无保证的廉价产品。这些企业多从事小规模生产，产品种类单一、市场区域局限性大。

M3市场中主要为大型国内制造企业，它们可生产不同质量等级的低压电器产品。这些企业从规模经济中受益，其中一些企业甚至拥有自己的销售网络，但这些销售网络的涵盖面和服务水平参差不齐。这些产品中，约有70%通过销售商销售，其余30%则由设计中心销售。销售网络深入各种各样的消费者群体并发挥重要作用，价格极具竞争性。

在M2市场中活跃的主要是国内的利基企业。这些企业通常以国企形式发迹，业绩记录时间较长。它们专注于特定产品范畴，在利基市场中大笔投入并与系统设计者、系统集成商直接并肩作战。这些企业在所从事的领域中驾轻就熟，在专注的范畴中确保产品高质，因而信誉颇高。在同样的产品范畴内，一些跨国公司将产品分为标准产品（通常产于中国工厂）和高级产品（采用最新技术的更高端产品，一般从发达国家工厂进口）。通常情况下，这些企业的标准产品聚集在M2市场。

M1市场为跨国公司销售其最高级产品的市场，产品质量和可信度都很高。在中国，这样的跨国公司多为其他跨国公司及大型公用事业公司服务。但在极其重要的项目中，它们通常自己主宰公司运行方向。它们的要价通常很高。例如，一个简单的电子元件在M4市场中不足1.2元，但在M3市场中价格为0.19~0.23美元，M2市场中要价为0.22~0.28美元，在M1市场则需0.31~0.47美元。

正泰是M3市场中当之无愧的老大，但却受到两头市场的挑战。M2与M3市场区别并不明显、界限并不分明，这也是正泰面临的一大挑战。

跨国公司向中间市场挪移

ABB（阿西布朗勃法瑞）、西门子、施耐德电子公司等跨国公司是中国市场中的狼群。进入中国市场之初，这些企业便冲着M1市场长驱直入，避免与中国国内对手正面交锋。

渐渐地，这些公司开始向中间市场挪移。它们有着雄厚的财力、强硬的技术和高质量产品，南存辉因此觉得正泰公司终有一天将与它们成为竞争对手。20世纪90年代，施耐德电子公司并购了15家公司，进一步加剧了其在中国市场的威胁。施耐德在中国低端产品市场中的份额一夜暴涨至15%，其2008年销售额预计超过15亿美元。

1994年，施耐德出价收购正泰80%的股份，但南存辉果断将其拒之门外。一年后，施耐德起诉正泰杭州公司侵犯其知识产权。这场官司最终庭外和解。

1998年，施耐德再次抛出橄榄枝，收购正泰51%的股份，南存辉再次回绝。第二年，施耐德又一次因知识产权问题而与正泰对簿公堂。北京法院宣布施耐德专利失效。

2004年，施耐德三顾正泰，提出以重金收购正泰50%的股份。南存辉说："我确实心动，我可能几辈子也挣不出这些钱。"但他仍对交易摇头。

与此同时，诉讼仍未了断。从1993年开始，施耐德已对正泰24次提起诉讼。在国外，施耐德也将正泰告上法国、德国、意大利及其他国家法庭。1998年，正泰将"CHINT"作为英文商标注册。1999年，施耐德在法国、俄罗斯、巴西等国注册"CHINT"商标。

2005年，施耐德向德国法庭起诉正泰侵犯专利；正泰以施耐德专利过期作为回击利器。联邦专利法院历经两年调查发现，施耐德专利失效。无奈之下，施耐德不得不撤诉。

2006年8月，正泰因施耐德侵权其实用新型专利而上诉法院。2009年4月15日，双方在开庭前10分钟同意和解，施耐德只赔偿了2300万美元，仅为正泰初始要价的一半。两公司也在全球侵犯专利案件中一致妥协。

2007年，施耐德并购了德力西股份，占据其半壁江山。与求精开关划清楚河汉界后，南存辉的朋友胡成中建立了德力西，德力西是正泰的直接对手。1990年，南存辉与胡成中分道扬镳，正泰与德力西则一直为冠军宝座明争暗斗。正泰逐步夺冠，2008年其规模已是德力西的2倍。施耐德投资德力西后元气大增，完全有实力在M3市场中与正泰直接交锋。

但南存辉不光忧虑施耐德的竞争，也担心向中间市场挪移的其他跨国公司。这样的竞争注定是惨烈而无情的。

与本土狼竞争

仅在温州，正泰便与天正、人民电器集团两只本土狼竞争；在整个中国，与正泰竞争的利基企业不在少数。这些企业在维持富于竞争性的价格的基础上力争提高产品质量。一些企业甚至将广告牌置于正泰公司门口。

2009年年初，正泰开始感到高端市场中来自跨国公司的压力，当地企业纷纷从低端市场向正泰领跑的M3市场进军，这对正泰而言也是一种压力。正泰在中国低压电器产品领域失冠似乎迫在眉睫。

进军高端市场

审时度势之后，南存辉认为进军高端市场或许是较为理想的解决方案。正泰对高端市场的了解日益熟练，并不断改进其产品、加工、技术，因此自然而然地向M2甚至M1市场看齐。M1、M2市场的顾客与M3市场中的顾客大为不同。

M3市场的客户大多是供应当地市场和个体消费者的中小型企业。正泰的区域经销商为这些顾客服务。当地一些公用事业公司及房地产开发商也会从经销商手中大量购买货物。M1、M2市场中的顾客主要是外国跨国公司、中国大型国家公共事业公司、高端房地产开发商。这些顾客购买产品主要用于大型项目。专业设计人员和系统集成商则选择所需产品。

倘若正泰踏进M1和M2市场，则需与信誉持久、技术强大的跨国公司及其多种多样的产品直接交锋，也需与拥有长期业绩记录的利基企业一决高下。迄今为止，正泰在价值链上的挪移之举看起来并不轻松。

N系列产品上市

1998年，正泰推出N系列低压电器产品，新产品节能、美观。N系列产品为满足客户需求而增加了一些令人满意的特点。例如，一位客户建议磨平一种产品的塑料边以避免维修时划破手，正泰则立即着手更改设计以迎合需求。

N系列产品融入了创新设计特点和技术，其中一些为专利产品，这极大地提高了正泰的形象。然而，正泰持续走红的推动力是中、低端价位；若产品质量和设计相似，客户会选择其他品牌。从消费者角度而言，N系列产品并未清楚定位。十年后，N系列产品取得了些许成功，但并未达到正泰期望的销售量。

正泰与通用联姻

2005年2月，正泰与通用电气在温州建立合资企业（通用与正泰分别持股51%、49%），合资企业生产断电器，并以通用品牌销售。通用负责管理和生产，正泰则依靠自己的渠道主管销售。断电器的价格为每个1.99~2.11美元，这远远高于正泰原先0.87美元的价格。

虽然正泰已有产品已经得到改进，但消费者并未充分意识到。正泰产品产量低，客户仍需另购其他品牌产品。断电器的销售情况并不像预期那样乐观，苦苦经营两年后，管理层决定关停合资企业。

外部人员预测，两大公司的文化碰撞或许是合资企业早早倒闭的根源。还有一些人猜测，正泰经销商缺乏高价销售知名品牌产品的经验。

并购尝试

穆勒集团是德国一家电气产品供应商，其产品主要针对商业及居民建筑。穆勒总部位于波恩，其产品的顾客主要分布在西欧、东欧和亚太地区。公司拥有8700名员工，年销售额近10亿欧元。2007年，穆勒集团标价待售。

正泰对收购穆勒兴趣浓厚，但穆勒犹如庞然大物，岂可轻易撼动。正泰不希望只拥有穆勒的部分资产，因而交易并未达成。2007年年底，总部位于美国的伊顿电气公司最终以15.5亿欧元的价格收购了穆勒。

创建新品牌

2007年，中间市场的利润继续摊薄，扩张的压力持续增加。正泰决定投入1亿欧元率先扩张。

正泰聘用了科尔尼管理咨询中心的一个咨询团队为其进军M2市场出谋划策。该团队建议正泰建立新品牌Noark（诺雅克），新品牌与N系列产品极易区分。

走向全球

应对竞争的另一策略是走向全球。1994年，正泰在广交会上展览产品，向全球市场敞开大门。年销售额中出口额迅速攀升至

100万欧元，但其出口仅限于阿根廷、希腊等国。所有的出口产品都采用相应国家经销商的品牌。

1998年，正泰在全球66个国家注册商标，销售额每年以超过70%的增长率激增。其中，绝大多数产品以正泰品牌销售。正泰已建立了全球销售网络，其中包括8个国际办公室、30个销售总代理和80多个地方伙伴，这些合作伙伴都是身居国外的华裔。正泰通过合同生产、出口经销商、直接出口三种方式打入全球市场。

正泰也生产电表、仪表，并根据国际公司的特殊需求生产其他产品。在这些已建关系中，正泰的主要角色是生产加工。1994年，正泰与30家原始设备制造商合作。2008年，则仅剩5家。

正泰现在已与其他国家的地方商人建立了长期合作关系。1999年，正泰开始以自己的品牌向海外销售产品。公司通过提拔、参加商展的形式帮助那些经销商。在2007年的德国汉诺威展中，正泰是中国的唯一一家独立参展商，展台面积约2000平方英尺。由于与施耐德的又一次争端，正泰遭到比利时拒绝，只能依靠西班牙和希腊商人向比利时渗透。

在正泰向国外销售的产品中，70%通过向地方经销商出口的途径销售。正泰在与地方经销商合作过程中逐渐发现他们之间的合作存在一大不足：这些经销商不能提供顾客、渠道、价格信息，因而上述比例几年来有所下降。由于缺乏透明性，正泰无法控制渠道，反馈市场姗姗来迟，根本派不上用场。其原因是地方经销商究竟是为了保护自我利益还是受市场环境驱使，这很难判断。据估计，扣除正泰10%的利润，地方经销商仍能获利100%。正泰意识到实行新举措实为当务之急。

直接出口

直接出口的举措之一是与中国的大型机械进出口公司、国际工程承包商、能源公司建立战略伙伴关系。在国际市场能源项目竞标中，正泰与他们同台竞争。2006年，正泰在开价上高人一筹，击败了施耐德、ABB等知名外国对手，成功拿下意大利国家电力公司的项目，为其提供价值6000万欧元的设备。正泰也陆续拿下了沙特阿拉伯、古巴、肯尼亚、希腊的一些竞标项目。

尽管正泰的国际销售额稳步增长，但其在总销售额中的比例依旧很小。1995年以后，正泰开始在西班牙、美国、希腊及其他国家建立国际办公室。为增强海外营销力量，正泰需定夺是否真正需要营销力量；若需要，该如何配备人员。

一方面，正泰可派遣自己的销售人员到海外销售办公室任职。此举的优点是被派人员了解产品、忠于公司。海外销售办公室是正泰不可或缺的一部分。一方面，精通外语的销售人员难以寻觅，熟谙当地文化并能建立销售渠道的人才更是凤毛麟角。雇用当地的专业人员可克服语言和文化障碍，但成本却异常昂贵。更为严峻的挑战是怎样管理这些人，怎样与他们协调、共事。他们能否接受中国企业的工作方式？毕竟，正泰是一家中国企业。

另一方面，聘用海外华人，包括那些海外留学的中国人。这些人熟悉中国文化，但缺乏技术知识。他们对当地市场、法律的熟悉程度可能不及当地的专业人员。他们在外国工作的合法地位也是个问题。最终，正泰决定综合这些选择：拓宽生产线并向国际市场扩张，聘用力所能及的最优人才。现在，正泰的客户遍布70个国家，拥有2000个销售点。

攻克电器相关产品

正泰也在通过拓宽生产线应对日益激烈的市场竞争。2000年，正泰成为中国最大的低端电器产品生产商，占据约30%的市场份额。温州公司生产的低压电器产品则占正泰总销售量的一半以上。正泰也以赢取地方企业的市场份额为策略以求进一步发展。最有可能的途径是价格战，这会使所有同行本已微薄的利润再度瘦身。

南存辉身陷两难的境地：转行进入房地产、医药等利润丰厚的行业？还是升级生产线，生产中、高压电器产品？

2003年，正泰最终决定突破低压电器产品的局限，全面生产各种电器产品，其中包括输配电（T&D）设备。同年，正泰得到了一个天赐良机。沈阳变压器厂是一家历史悠久的国有企业，生产中、高压变压器。当时，该厂正在出售。正泰跃跃欲试，但报价不敌竞争对手。

正泰另择他道攻之。2003年7月，正泰投资近4.23亿美元在上海开启输配电项目，生产变压器、电线、电缆及电力自动化设备。正泰输配电项目清晰地表明：公司意欲在低压电器设备生产商基础上蜕变，成为能够生产中、高压电器产品的生产商，并供应相关的电气工程和电机装置。

输配电业务与正泰的传统市场大为不同。正泰的低压电器产品主要通过2000个经销商销售，而变压器和电力设备主要通过电气设计中心销售或直接向消费者销售。起初，正泰在国内市场销售变压器取得了些许成功，主要面向小型、区域性公用事业公司及看重价格的工业用户。

在国际市场中，正泰提前6~12个月的生产灵活性对其大有裨益。尽管变压器客户更倾向使用国际知名品牌，但这些公司的产品仍供不应求。许多公司的生产任务已排到18~24个月之后，这对大多数项目来说都太过漫长。因此，正泰捡到了其中的一些合同。2006年，其输配电设备销售额为17亿元，2007年则达27亿元。正泰在2008年机械峰会输配电及控制装置领域排名中高居榜首。

要想向更高层次扩展，正泰需钓到更大客户。一些大型国有公用事业公司承担大型项目，这些公司为最佳候选。对这些潜在客户而言，价格重要但不是最主要因素。这些潜在客户喜欢购买全球顶级品牌的产品以确保所购高压设备没有故障，也可避免产品故障的责任。

在国际市场中，为确保产品质量，大型公用事业公司在购买商品前通常选择拥有5年以上业绩记录的厂家。这些买家也要求生产商具备产品加工证明、组装合格证明和主要元件供应商的合格证明。正泰需要考虑的是否对国内、国际客户一视同仁。

教训

像正泰这样的私营企业能够发展到今天这种规模，能在国内外市场的激烈竞争中艰难生存下来，确实不易。这种环境将幸存企业磨砺成强劲对手。这些企业在中国飞速推进的经济浪潮中成长，其优势是理解市场变化、灵活应变的能力及对顾客需求的高度敏感、快速适应，这些优势深深植根于这些企业。

受中国文化的熏陶，南存辉做出了正确抉择——先攻产品质量，其次让员工对公司萌生主人翁感。最后，南存辉意识到要最终存活必须直面全球市场。南存辉在中国竞争激烈、炽热的国内市场所获取的经验与洞察力必定会使正泰在全球市场中独占鳌头。

第八章

平安为中国带来现代金融

如果你认为改变中国消费者的思维很难，那么想一想培训对寿险一无所知的保险销售人员。

——平安人寿前CEO梁家驹

私营企业出现以前，中国人对寿险没有真正的需求。中国人生性务实乐观，他们看不到投资自己不能享受的未来价值何在。更简单地说，中国人认为耗费精力思考死亡或永久性不能自理的问题对他们没有益处。私营企业改变了这一观念，外国人控制的公司尤为如此。

今天，保险已成为中国服务业中不可或缺的一部分。自从中国实行改革开放政策以来，服务业以年均10%的速度扩张。1979年，服务业仅占GDP的21.6%；但2007年，服务业所占GDP比重上升至40.1%。自1978年以来，服务业提供了2亿个工作岗位，占国家总就业率的32.4%。

平安破土而出

1988年，马明哲成立了平安公司，成立之初其业务仅限于深圳经济特区。

马明哲曾经是广东省的一名政府官员。1983年，他决定前往蛇口工业区工作。蛇口隶属深圳（中国第一个经济特区）管辖，与深圳相距不远。蛇口地区员工因中国市场经济的新规则而备感沮丧。依据新规则，中国企业不再为这些员工提供意外伤害险及终身任职保障。为弥补空缺，中国第一家社会保险公司成立于1985年，31岁的马明哲成为经理。

那时，中国银行管辖保险和银行业务。1986年，马明哲游说中国银行建立私人保险公司。马明哲指出，中国已对外国投资敞开大门，外国投资商有权与其他保险公司合作，而不是只和国有企业中国人民财产保险有限公司（PICC）合作。

马明哲据理力争之时，恰好为中国一重大事件的周年纪念。清朝时期的仁济和保险公司为中国第一家私人保险公司，20世纪30年代倒闭。1986年恰是仁济和开张的百年纪念。马明哲提出，私人保险公司是中华民族的遗产，理应重见天日。马明哲的首次劝说便遭中国人民银行拒绝，但他没有放弃。1988年3月21日，申请最终获批。平安保险公司成为合法公司，白纸黑字确认如此。

那时的中国，在很大程度上仍然实行计划经济。许多人对自由市场概念十分陌生，人们怀疑这一概念等同于在非政府部门捞取利益。平安是中国第一家股份公司，成立之初便发现公司发展之路困难重重。当时平安只有13名员工，其授权有限而且只能售卖财产险、交通险、货运险及责任险产品。平安试图销售第三方责任险时，深圳公安部门却不承认这种新型保险，也未考虑平安公司已经获得授权的事实。

马明哲回忆，那时人们仍认为保险是国有实体，而非商业产品。经过马明哲不懈地奔走游说，当地公安部门最终授权马明哲从事保险业务。从提出想法到想法得以接受，马明哲奔波了一年。

面对竞争

平安成立之初，中国境内没有同行竞争。外国保险公司不允许在中国经营。20世纪80年代，外国投资开始涌入中国，但其中大多投资集中在加工出口产品上。外国公司不得不购买财产保险，涵盖加工产品价值并借此从国外银行获得贷款。依据早期的规章制度，外国公司需向垄断市场的PICC购买保险。PICC提供的产品种类有限、价格固定。政府的规章制度不断松绑，平安跻身第一批私营企业，提供更加灵活的多种保险服务。

1993年，平安的业务已遍布全国，共有38个销售分支（即现在的分支代理机构）。随后一年，平安进入寿险市场，开始实行与佣金挂钩的代理商销售保险制度。

1992年，国务院允许外国企业以合资企业形式涉足中国保险行业，并将上海作为首个试点城市。当时，绝大多数中国人认为寿险毫无必要，国内的保险公司也未将寿险产品列为可行之列。1994年以前，保险行业风平浪静、没有竞争。但上海却不同，美国国际集团（AIG）在上海建立了分公司——美国友邦保险有限公司（AIA）。AIG已有数年国际化经验，其分公司独霸中国当时的寿险市场。

国外保险公司与国内保险公司之间争食的竞争愈演愈烈，保险行业及相关法规也开始发展。1995年，中国政府制定法律，明文规定了产险及寿险的区别。1998年，中国政府成立了中国保险监督委员会（保监会，CIRC），作为独立实体运行。随着上述改革的不断实施，中国的寿险市场开始迅速扩张。

2000年，中国年度保费总收入为193亿美元，其中财产险和寿险分别为72亿美元、121亿美元。

自2001年加入世贸组织以来，中国在保险业进行了一系列政策改革，这些改革对保险业的业务范畴、地理需求影响显著。除了主要城市，外国公司也可将触角伸向其他地区，且无需以合资企业形式作为开展业务的先决条件。保险市场之间竞争之激烈程度不断加剧。中国银行、中国建设银行等国家大型银行申请保险业务获得许可，中国第五大银行交通银行则申请试验性保险业务。花旗集团、高盛投资公司、汇丰银行等国际金融机构先驱希望挖掘中国金融服务行业未来的增长潜力，因而对中国国家级银行大笔投资。截至2004年底，中国共有64家保险公司，其中至少40家为外资企业。2004年，中国年度保险保费达到580亿美元，同比增长31%。保险深度（保险收入与GDP的比例）由1998年的1.57%上升至3.7%。

平安规模不断壮大，其产品组合也更加多样化，马明哲意识到为管理团队聘请外脑的重要性。2006年，平安前100名高管中，拥有国际金融经验者达60多人，这些人大都有在花旗银行、汇丰银行、高盛投资、保诚保险等公司任职的经历。

童恺便是这类人的典型代表。童恺获得了牛津大学工程硕士学位及欧洲商学院MBA学位。进入平安之前，他曾担任高盛（亚洲）有限责任公司金融机构集团执行董事一职。2004年，他成为平安信托有限公司董事长兼CEO。

2006年，平安摇身一变成为中国第二大寿险公司、第三大财产事故保险公司。那时，公司拥有3300万客户、4万员工、20万保险销售代理，并开始向银行、证券、信托、企业年金、健康险、资产管理方面扩展。2004年，平安集团收益超过77亿美元，市场资本总额超过100亿美元。

尽管增长速度惊人，但平安依然面临挑战。中国2001年加入WTO后，金融、保险行业的竞争便迅速加剧。国内外对手纷纷登场，银行也卷入淘金热之中。为直面竞争，马明哲提出平安十年内转型为综合性金融服务集团的目标。要想实现目标，马明哲坚信公司必须经历从产品驱动向客户导向的转变。公司因此需要多渠道提供一整套金融产品。另外，马明哲也意识到，提高公司运行标准的同时，还需保持金融产品的一致性。

企业成长：向寿险扩张

20世纪90年代初期，中国国内只有四家保险公司：PICC、平安保险、中国太平洋保险和天安保险。他们的销售主体是与寿险无关的产品。美国友邦保险公司是了解寿险的唯一一家外国保险公司，但其经营范围仅限于上海。

1988年至1993年，平安财产险保费收入年均增长率之和为35%。但马明哲并未骄傲自满，他清楚公司需要增加产品组合才能成功。寿险则是可以攻略的业务。

1992年，马明哲到台北调研，他早就听说台湾地区的保险公司的寿险业务做得非常成功。而那时中国大陆的许多保险公司却因传统的生死观而将寿险视为禁忌。马明哲吃惊地发现，台湾的寿险业务欣欣向荣。他坚信，寿险一定会被中国大陆的民众所接受。

虽然，马明哲满腔热血，但平安推广寿险的首次尝试却彻底失败。要使寿险得到认可，必须对中国文化有深入的了解，而这正是公司所缺乏的。几经挫折，马明哲终于成功地招揽了大量来自台湾地区的专业人员为其员工提供培训服务。一年后，他利用台湾地区的经营模式重启寿险业务。

在中国，寿险完全是陌生概念，平安集团不仅要向顾客讲解，也需向销售人员传道。梁家驹是平安集团前任副总经理、平安首席保险业务执行官，他说："如果你认为改变中国顾客的思维很难，那么请想象一下培训对寿险一无所知的代理商并期望他们销售寿险产品、向顾客传授寿险知识有多难！"

平安必须对其产品进行重新设计，并依据中国市场之体裁剪平安产品之衣。西方的寿险业务模式在中国并不好用。中国人不喜欢谈论死亡，他们对储蓄尤为重视。

梁家驹解释道："我没遇到过不喜欢储蓄的中国人。无论身处中国大陆香港地区还是新加坡，他们都会如此。他们全都储蓄，仿佛他们能活1000岁。中国人甚至不喜欢谈论保险制度。他们喜欢谈论养老金、医疗福利等生前福利，但他们不愿谈论死亡福利。"

许多中国人仅将保险视为"一张纸"。为改变顾客的这种观点，平安对其寿险产品进行了调整，使其包含更多的储蓄成分，为顾客提供类似储蓄账户的月度清单，寿险产品中的储蓄成分有时可高达80%。

平安的寿险业务迅速扩展，1994年，平安率先在全国开展了个人寿险销售。1992年，美国友邦保险有限公司对代理商发放回扣而非工资，因而在中国寿险市场中大获全胜。平安积极效仿友邦的举措。

2011年11月，李源祥晋升为平安人寿保险股份有限公司董事长并成为平安集团首席保险业务执行官。李源祥在回忆友邦的成功时评论道："友邦的代理商模式极其成功，其销售力迅速飙升至5000。这种模式令中国寿险公司大开眼界、无比震惊。"

1997年，平安集团个人寿险金首次超过团险，成为公司的主要业务。1999年年底，平安在中国各地的寿险销售人员超过12万，其分支办公室数量超过1000处。当年，平安的个人寿险业务收入超过6亿美元，而这种业务仅开展了五年。

国际化进程

随着寿险业务的发展，平安开始与国际公司建立业务往来。三大重要事件标志着其一步步转变：外国投资、聘请麦肯锡咨询公司、国际招聘。

外国投资

1994年，平安将摩根史坦利和高盛咨询公司作为战略投资人揽入麾下，两大财团为平安提供资金，使其保持最低准备金限额。这笔交易使平安成为中国首家拥有外资股东的中国保险公司，也标志着其成为最早获得私募股权投资的第一家中国企业。1994年和1996年，美国两大投资银行以不到7000万美元的价格买下平安约13%的联合股份。

这种外国投资在中国史无前例。中国的监管机构不允许外国公司介入中国公司董事会，因此，摩根和高盛决定出席1993年举行的关税暨贸易总协定（GATT）峰会，为自己在平安董事会争取“特别观察员”席位。摩根和高盛的投资极为大胆。他们虽冒险一搏，但最终收益丰厚。10年后，其原始投资的价值增长了14倍。

外国投资者不仅为平安注入扩大运营所需的资金，也把西方公司的管理价值带给了平安。平安顺势成立了风险控制委员会和投资委员会。

麦肯锡推波助澜

1997年，平安聘请麦肯锡咨询公司助其实施一系列具有重大影响力的项目，以提高经营技术和管理技能。平安的寿险和非寿险业务都取得了蓬勃发展，平安感到分散的企业模式已无力满足公司的运行需求。麦肯锡推荐平安利用关键绩效指标（KPI）评估员工表现，平安因此实施价值管理政策。

当时中国国内鲜有公司聘请国际咨询公司，平安聘请麦肯锡是大胆之举。平安支付麦肯锡的服务费用超过120万美元，这引得满城风雨。马明哲在对待麦肯锡的问题上面临内压外迫。

在平安内部，一些高管警告巨额资金可能引发公司的资金流问题。在公司外部，大量报纸大肆批评马明哲跟随西方潮流，并含沙射影地报道交易过程存在问题。马明哲立即出面澄清，并指出咨询公司带来的收益远远超出支付的费用。

在这之前，麦肯锡曾分析平安的资产管理，发现了资金风险高、效率低下的问题。麦肯锡建议平安集中零散资金，以12%的息票利息购买国债。

仅靠国债，平安的年均利息收入便不止1200万美元，这项收益远远多于平安支付麦肯锡的费用。

国际招聘

2000年，平安聘请几大猎头公司为其高级管理团队物色外籍人才，其中包括瑞士顶级人才寻访公司——亿康先达国际。新聘人才为平安带来了国际经验及国外公司运作经验，例如资产负债管理和保险续保率，这些经验对平安的成长壮大至关重要。

新产品新业务

为满足顾客日益增长的金融需求，平安开发了几种创新产品并开展了几项全新业务，其中包括投资型保险产品、定期保费产品、银行保险业务（通过银行售卖保险）。

投资型保险产品

20世纪90年代后期，保诚集团获得许可，在中国售卖投资型保险产品。产品一经推出便效果非凡，保诚集团也因此在中国市场树立了良好形象。平安渴望借鉴保诚的成功经验实现投资风险多样化，因而向保诚求援。保诚竟然同意在其新加坡的区域总部培训平安员工，这着实令人吃惊。1999年，平安开创中国国内保险公司销售投资型保险产品的先河。

定期保费产品

定期保费产品包括全年支付、半年支付和季度分期支付三种，这种产品在西方广受欢迎，但中国的绝大部分地区要求顾客一次性付清保费。2000年，平安率先推出定期保费产品，并很快成为个人人寿业务的支柱。2003年，平安主要竞争对手的保费收入中，超过90%来自单一的保费产品；2005年，平安的个人寿险保费总收入中，定期保费产品占比90%以上。这是一个重大转变。

银行保险业务

2001年，平安史无前例地提出“银行保险业务”概念，即通过银行已有的销售渠道售卖保险。尽管支付银行的佣金大大抵消了平安在银行保险业务中的收益，但银行保险业务量却大幅增加。银行保险业务因此成为平安的第三大重要业务，仅次于个人寿险和集体寿险业务。到2004年，银行保险业务收入占公司寿险保费收入的10.8%。

发展企业文化

尽管平安快速接受了一流的现代国际业务理念，但它仍小心翼翼地呵护其植根于中国传统的独特企业文化。平安文化深受中国人喜爱。每天早晨8:30，全国各地的平安员工及销售人员共唱公司司歌——“四海之内，心手相牵，选择平安是你我的心愿”，并以此开启一天的工作。晨歌之后，销售代理讨论当天的目标，团队领导讲评策略并为新员工提供指导。上午10:30，销售代理开始上街发展业务，他们的大部分时间都用来讲解、销售保险产品。

1998年，平安的文化以“创业精神”为特点。平安的重心是将自身打造成可与国有公司PICC一决高下的民族企业。平安更看重业绩而非资历。持续不断的工作培训及进步使平安员工产生了极强的荣誉感。马明哲总结出“三能”哲学：员工能来能走，排名能高能低，工资能涨能跌。他强调组织进步的重要性，也期望员工不论排名、都能进步。

1992年，平安文化演化为“儒家思想”。各行各业的人不断加入平安，员工规模迅速壮大。当时盛行“先挣大钱，然后甩手走人”的社会风气，因而平安的员工流动量巨大。马明哲吸取礼、义、仁的精华，高度重视对同事的尊重、礼仪以及避免利益冲突。

价值管理

1992年，中国保险行业的开放推动了中国市场的发展，但同时“引狼入室”、招致更多竞争对手。马明哲提出了“三外”规律：外国资金（以高盛和摩根为代表）、外国组织（公司管理、风险控制委员会及其他与西方企业类似的程序）、外国知识（具有国际经验的管理团队），其目的是通过扩大业务范畴，提升内在能力以应对市场的激烈竞争。

随着公司不断壮大，平安的关注点由质量转为规模，马明哲感受到文化管理的必要性，重点强调价值驱动文化作为公司策略的重要性，并利用这种文化将客户管理与专业人员管理挂钩。价值管理中有三大准则：1.盈利能力是衡量业绩的主要指标；2.人性化管理依据竞争、奖励、动机而施行；3.对股东、客户、员工及社会负责。

文化发展

1999年，平安出版了《平安：新价值管理文化》一书，共143页。该书详细描述了公司文化的发展历程，书中也涉及其价值的指导方针。平安文化可用三个同心圆表示。最外层为平安的礼仪及一成不变的传统，比如晨歌。这些传统旨在影响他人并使其接受。中间层指管理政策的标准化与实施。最内层概括了平安的管理文化。平安的所有管理层必须参加文化部分的笔试。

新聘员工可以通过培训视频学习平安礼仪。例如，视频中对如何恰当鞠躬进行了详细解释，对同事或顾客应如何鞠躬，平安共有三种鞠躬方式，代表不同的尊重程度：问候同事点头即可，问候客人需俯身15° 鞠躬，例会开始前应向演讲人俯身30° 鞠躬。

从市场股份到利润增长

2002年至2005年间，中国经济实现跨越发展，年均GDP增长率约为10%。持续的经济发展推动着居民收入和储蓄的增加。马明哲欲将平安打造成可与国内外金融服务强手匹敌的世界级企业，为了这个目标他孜孜以求，并扩展了银行、资产管理、健康保险、企业年金等业务。这期间发生了三件大事。

汇丰投资

2002年10月，汇丰出资6亿美元购买平安10%的普通股股份。这使得平安的资金储量加倍。三年后，汇丰又以11亿美元的价格收购了高盛和摩根史坦利所持的9.9%的股份，增持平安股份至19.9%，几乎为2002年的2倍。2005年，汇丰成为中国保险业的最大外国投资商。

汇丰跻身平安董事会

汇丰作为平安的最大股东，除为平安提供资金外，也不断改进平安的公司管理结构。汇丰在平安董事会中占有3个名额，这有助于确保决策制定过程中的公平性。理事会成员负责监督新成立的特殊管理委员会和监督委员会（包括审计委员会、赔偿委员会、提名委员会）。此外，绩效评估体系得以广泛运用，各子公司的董事长及总裁都在体系评估之列，以确保个人充分履行职责。

平安的改革努力使其在《欧洲货币》“最佳管理公司”排名中名列亚洲保险公司之首。平安历经公司重组后，已达到国际标准，但仍有大量知识需要学习。

平安重组

2002年，平安重组为平安保险集团公司、平安寿险公司、平安产险公司。这种思路与人寿、产险相分离的国际策略遥相呼应。重组之举有助于推动公司的可持续发展。

传统上，保险行业的竞争多集中在基于赢利能力的市场份额上。为抓取市场份额，平安推出了多种产品，包括分红、投资型保险产品、终身寿险计划等。

2001年，全球及中国国内股票市场一片繁荣，平安投资相关产品的销售也达到了峰值。2002年，美国经济下滑对全球股票市场打击很大，平安投资的相关产品开始亏损。平安主动联系购买投资相关产品的400多万顾客，向他们解释当时的情形，并作出艰难抉择：停止销售投资型保险产品，转而销售投资连结保险产品。平安因亏损而名誉受损，公司不得不将重心由抓数量转为抓质量。

为促进公司转变经营理念，平安采用了16字经营方针。这16字方针在平安员工脑海中根深蒂固：**品质优先、利润导向、遵纪守法、重在执行。**

为践行这一方针，平安重组业务组合，以个人寿险等利润更高的产品为重点，减少银行保险、团险等利少产品的投资。同时，销售代理由35万削减至20万人。政策实施之初，对市场份额及寿险、产险的收益产生了一定的不良影响。2004年，平安寿险市场份额由19.6%下降至17.2%，其产险所占市场份额由9.7%微幅下降至9.5%。

2005年，平安的利润额居中国保险公司之首。截至2005年6月30日，平安集团6个月的净利润同比增长47.3%。

尽管重组业务组合短期内降低了增长速度，但平安却为公司的长期发展夯实了基础。在此之后，平安在国际证券交易所公开上市企业名单中的排名有所上升，这增强了企业自信并带来了新型资金。这是许多中国企业可望而不可即的。

公开上市

2004年6月24日，平安在香港证券交易所成功上市，募集资金16.6亿美元。此次IPO额度之大为香港2004年之最——出售股票6900万股，获得约58倍超额认购。

其实，公开上市决策背后有几大关键因素。全球保险行业盘踞全球40%的资产，需大量资金满足监管部门法定准备金要求。通常而言，保险公司公开上市是为扩充其资金库。现在，名列全球500强的保险公司中，有60%~70%为公开上市公司。

中国实行改革开放政策以后，获得国际资金市场的基金成为多数国内保险公司的目标。中国政府鼓励国内保险公司发展壮大，与国际保险公司强强竞争。中国国内保险公司的举措与中国政府的鼓励措施同频共振。2003年12月，中国最大的产险公司PICC在香港上市，融资8亿美元。中国最大的寿险公司中国人寿紧随其后，融资25亿美元在纽约上市。中国人寿成为2003年全球最大的新上市公司。

平安发展的四大支柱

2000年年初，马明哲提出平安的“四大支柱”，并将其归入平安转为综合性金融服务集团的转变策略。四大支柱如下：

1. 客户导向型模式；
2. 按规管理；
3. 基于市场的绩效管理；
4. 信息及IT管理。

客户导向型模式

客户导向型模式意欲将平安由传统的产品驱动模式转为反应迅速的客户导向型模式。平安希望通过此举平衡其资源，充分利用交叉销售的机会，通过多种渠道更迅速地应对消费者的金融需求。

2003年，梁家驹以平安的综合金融平台为基础，利用20万曾主销寿险产品的销售人员销售产险等多种平安产品。挑战源源不断地跟来。销售渠道的冲突需加强管理，赔偿规则也需重新设计。这也不可避免地造成了销售人员的职务升降，但却有所回报。2004年，平安通过交叉销售获得的保费收益约为6520万美元。

开发新渠道可满足客户不断增加的金融需求，因而意义重大。2005年，平安在上海成立了新渠道开发团队，开发团队开始尝试电话营销、网络直销等新销售渠道。其目的是以车险最终带动平安金融产品的销售。新渠道为特殊需求的个人客户及公司客户提供量身定制的方案。

新渠道开发团队主任详细解释了组建电话营销团队的先期挑战。“中国幅员辽阔，从普通话到客家话共有11大方言门类，”他说，“为确保质量和服务的一致性，我们需从全国雇用250人组成电话营销团队，这些人要在同一屋檐下工作。”

电话营销团队的首次业绩可喜可贺，打冷电话情况不足百例。公司计划分析目前已有的客户数据库，为客户的不同需求组合不同的产品。

网络直销渠道只负责简单产品，如车险、旅游险、意外伤害险等。该渠道也开发潜在客户，以客户带动其网上产品销售。平安也期望通过网络销售寿险等更复杂的产品。

尽管电话营销和网络直销规模相对较小，却反映了其与中国传统保险业务的完全不同。中国传统保险业由保险销售人员掌权，这些中间人在整个行业中举足轻重。高业森发现，“传统的销售渠道使许多传统的销售公司颇感掣肘。”马明哲清楚地向销售人员表明，渠道冲突在所难免，但公司鼓励不同渠道的竞争。

按规管理

2004年的平常工作日中，平安可能签订34000份保单、接听42000通电话，其佣金及赔偿的日支付量可能接近420万美元。公司日经营的广度和深度使平安的经营风险日益提高，维持一致性、保持高质量也愈发困难。因此，要想得到长足发展，必须为经营管理制定规则。

仅2004年一年，平安集团公司确定了近600项部门规章制度，为寿险业务子公司制定了管理手册，重点开发财产业务的索赔体系，完善了证券、信托、银行业务的内部管理规章。梁家驹表示，这些措施对寿险业务极其重要：新产品很容易违规销售。

平安对保险产品也实施严格管控。例如，客户办理保险业务的首要步骤是签署方案，然后签订合同，最后公司会通过电话中心确定客户已完全理解附属细则。每一步骤都要严格遵守规章要求。

制定公司管理规则也是应中国政府管理机构的要求。例如，为响应政府强化管理第三方责任强制保险的号召，保监会（CIRC）要求平安产险公司提供车险投保人的年度数据。提交的数据需包含详细、准确的个人信息，如客户的真实姓名、有效地址、电话号码等。销售程序中若需获取投保司机的个人信息，必须严格遵从规章制度要求。

平安为内部员工制定了在线管理手册，这是系统性内部管理的一部分。该网站中包含工作指导手册及概括公司总部、二级子公司、三级子公司详细定位与职责的文件。

基于市场的绩效管理

在保险业这一竞争激烈的市场中，吸引并留住顶尖人才困难重重。平安人力资源部采取利诱政策：公司20%~30%的顶级员工薪酬高于业界平均水平。平安也为高级管理团队支付市场价格，并倚重亿康先达及其他猎头公司提供人才寻访服务。2005年，41%的平安员工拥有学士及以上学位，36%的员工在进入平安以前至少已有5年的工作经验。

绩效评估体系。为确保员工薪酬的恰当合理，平安自1997年开始采用麦肯锡推荐的绩效评估体系。每年，员工及其部门经理必须确立年度目标、行动计划，并明晰绩效评估体系及绩效评估指标。平安对员工实行月度、季度审查，并通过一年一次或两年一次的年度评估决定员工奖惩（包括解雇未完成三年滚动目标的员工）。平安实行滚动的管理问责制度，以形成“成绩导向、全力负责”的评估体系。

员工留任。2004年，平安总辞职率为13%，远低于业界15%~16%的平均水平。王利平是平安集团的高级副总经理、首席人力资源执行官，据他介绍，平安在继续留住员工过程中，运行培养内部人才的有机发展政策，即“重用年轻人”。通过绩效评估体系，平安甄选出绩效突出的员工并放入“人才库”，这些人极有可能成为管理团队的最后候选人。

金融培训学院。2003年，平安在深圳附近建立了平安金融培训学院，为其员工提供培训课程。该学院由日建设计有限公司的冈本隆司设计。日建设计为日本最大的独立建筑和咨询公司。学院于2006年1月竣工，其内有一个配备电子书和电子期刊的大型图书馆。

学院占地200多万英尺，日容纳量可达900人。学院配套设施包括礼堂、教室、500个房间的旅馆、餐厅、九孔高尔夫球场、高尔夫练习场、游泳池、网球场。学院的创立有三大目标：1.实现知识价值；2.加强公司与客户的沟通；3.强化公司品牌。

信息及IT管理

IT和信息管理是平安安身立命之所托，主要原因如下：1.实现更低成本；2.支撑其他三大支柱。比之发达国家，中国保险行业的利润极其微薄。因此，通过IT技术实现低成本在平衡经济规模中取得长期成功对平安而言极为必要。

中国的电脑成本较之美国高出30%，前者的电信成本高出后者250倍。然而，中国电脑、电信行业的龙头企业从每位消费者手中平均获利12.50美元，不及美国及欧洲相关企业利润的1/10。平安几乎没有效率低下或犯错的余地。

作为其他三大支柱的根基，信息及IT管理为330万客户提供了支持后台集中运作的基础设施，每天为4万名员工及2万名销售人员提供监测系统。信息及IT管理也因此成为其他三大支柱的根基。综合性金融学院的运行很大程度上依赖强大的信息、IT管理及使用。

如同其他创业型新兴公司一样，平安在发展初期不具备正规的IT团队。20世纪90年代，寿险业务势如破竹，那时平安才决定引进IT系统，形成专用团队。

平安逆时代潮流而行，其IT团队做出使用开放技术的清醒决策，这与IBM公司著名的AS/400技术截然相反。实践证明，这种决策为明智之举。与竞相使用IBM产品的竞争对手相比，平安没有历史包袱、未与单个小贩联盟，因而有更多选择机会。开放技术的使用确保平安内部发展的大部分IT体系具备满足内部业务需求的功能。这些体系由业务人员而非IT员工推动。为确保统一性及服务质量，平安在全国采取统一业务要求，并通过业务线及销售渠道共享信息。

平安并不避讳保持其排头兵优势的最先进技术。例如，平安与惠普、微软、英特尔等主要电脑销售商强强联合，达成检测最新技术的β测试伙伴关系。2004年，为提高平安销售人员的销售效率，英特尔与平安联手，支持利用个人数字助理（PDAs）技术进行保险销售活动。此外，通过SEI-CMM和ITIL（信息技术基础构架库）标准，平安的IT发展过程标准化程度不断提高，其IT程序也得到持续优化。

集中化。平安的集中化之举始于1999年。寿险及产险的繁荣推动平安迅速发展，管理全国各地子公司信息的难度可想而知。同时，中国网络基础设施的建设已初具规模。1999年，平安开展客户端服务器技术，远程遥控三级、四级子公司的经营。2000年，平安在各省二级子公司中实行集中化。

2002年，平安开始实行全国性后台集中化。实行集中化之前，每个子公司都有自己的运行体系。然而，平安发现这种体系很难使顾客共享信息，从而实现更有效的交叉销售。平安在尝试借助微利提高顾客导向程度和公司运营效率时，将所有的核心后台运营集中到上海的综合运营中心。

综合运营中心是持续、高质服务的保证，对信息整合也有重要意义。综合运营中心成立之前，各子公司分别登录客户资料，子公司精通IT的客服员工负责数据整理，这使得平安执行统一标准极其困难。

引入新渠道。新千年标志着平安IT发展的新纪元。2000年，平安开始试水网络技术，随后建立了第一版PA18.com 网页，通过该网页为现有及潜在客户提供在线的最新保险及金融计划服务。借助新渠道，平安开始与网络的投资企业建立战略伙伴关系。例如，平安与搜狐达成战略协定。平安得以利用搜狐1250万用户、9000万日访问量的优势，获得了向受教育程度高的中层城市年轻人靠拢的大量机会。

2000年下半年，平安在苏州建立了首个24小时开通的客服呼叫中心，这在中国保险行业同样独一无二。平安开通电话热线（号码为95511）的初衷是提供基本客服、解疑答惑、处理订单、解决投诉。平安确立的消费者导向销售目标具有前瞻性，平安希望扩大服务范围、提高服务质量，以从电话营销和外包呼叫销售中获利。上述举措使得客服中心由耗资中心转为盈利中心。

发展道路

2008年北京夏季奥运会使中国在世界舞台上熠熠发光，炎黄子孙的民族自豪感、爱国主义情怀也由此点燃。2006年，离奥运会举行只剩两年，为世界运动员及游客建造一流基础设施及壮丽场馆的准备工作有条不紊地进行着。这是中国向世界展示自我的空前机会。

同时，平安也紧锣密鼓地策划其2008年奥运会项目。平安的目标是成为世界一流的综合性金融服务公司。

成长初期，平安收益中70%来自寿险这一种产品。马明哲想要改变这种混合结构，并计划2008年实现两种产品收益占比70%，2014年则实现三种或多种产品收益占比80%。为实现新目标，平安需并购几个现存银行。

2004年，平安并购福建亚洲银行。但实现目标的道路并非一马平川，2005年尤为崎岖。平安首席金融业务执行官理查德·杰克逊对外表示："外国银行在中国银行的利息持续上扬，中国银行的外汇储备量达到前所未有的水平。"

因此，外国银行开始竞购中国的银行股票。2005年，平安竞购中国工商银行股票失败。与此同时，花旗集团同意斥资8.78亿美元，4倍增持上海浦东开发银行股票。同年6月，美国银行以30亿美元参股中国建设银行。两个月后，汇丰举资近17.5亿美元并购中国交通银行19.9%的股权。广东开发银行为省级银行，下设26家分行。

2006年，各大集团对广东开发银行的并购犹如平地一声雷，将并购狂潮推向巅峰。花旗集团提升竞价至30亿美元，竞购广东开发银行85%的股份，平安226亿元人民币的竞价无力与之抗衡。花旗集团的价格超出广东开发银行股票票面价值2倍多，且花旗集团持股低于50%，其余股份由花旗集团的当地合作伙伴持有。

这是平安竞购中国工商银行失败后的又一败笔。平安对是否继续寻找竞购目标而举棋不定。公司内部对是否收购现存银行莫衷一是。理查德·杰克逊表示："并购现有银行，我们可以获得销售金融产品的许可，这要借助银行现存的实体分支机构销售网络及已有的顾客群。若不并购，则需数年努力才能建立这样的网络。”

然而，马明哲却担心并购后整合中的潜在问题。平安是否有能力——专业知识和IT平台——顺利整合并购后的集团？毕竟，保险业与银行业相差甚远。更为重要的是，并购后的银行能否传承一路为平安保驾护航的文化理念？

若不并购实体银行，平安也可与荷兰国际集团分公司——荷兰国家网络银行开展电子银行业务。自1997年成立以来，荷兰国家网络银行便成功地开展了电子银行模式，其2005年收益为6.17亿欧元，比2004年增长41.8%。除储蓄相关产品外，荷兰国家网络银行也向其1500万客户交叉销售信用卡、可调整利率抵押品、房屋净值系列产品。

这种模式与平安的顾客中心模式极其吻合，能确保平安交叉销售其金融产品而无需向实体银行支付高昂费用，也能避免并购后整合的些许问题。平安在银行业务方面经验不足，且中国银行业监督管理委员会的重中之重是确保中国银行业的健康发展，因此平安获得网络银行经营许可难于上青天。

平安也考虑过其他方法：继续专注于核心保险业务，同时提升自身的外部金融服务能力。2005年创建平安资产管理公司和平安年金公司都是对这种方法的践行。但杰克逊却担心，这种策略进度太过缓慢。“这一策略耗时太久，”他说，“我们需要花费10年多时间才能获得相关许可证，销售我们的所有金融服务产品。银行业务是我们未来的保险方向，我们应快马加鞭。”

趟入全球市场的浑水：竞购富通

平安集团的战略架构以保险业务、银行业务和资产管理为基础。保险业务收益占公司总收益的77%，这使得收益10%的银行业务以及13%的资产管理都黯然失色。对平安而言，要使银行业务和资产管理业务达到保险业务的收益水平，仍需较长时间，也需大量努力和公司内部的巨大发展。并购可作为一种必要捷径，平安管理层对并购尤其是国外并购翘首以待。

为何选择富通

欧洲银行富通成为最有希望的目标。与平安类似，富通也有保险业务、银行业务和资产管理业务，还拥有利润丰厚的分红险。每隔6个月，富通会拿出45%的收益作为红利，即使在网络泡沫破裂以后，富通依然坚持此项政策。投资富通可使平安向其取经，促进两大疲软业务发展并获得稳定的金融收入。

高盛的一篇报告指出，并购富通的资产管理业务和投资业务后，平安将在三大领域收利。首先，平安将壮大资产管理规模，改善其产品，加强第三方顾客的资产管理后，前面两大效果将更为显著。其次，平安将获得产品设计、投资管理、调研、IT及营销技术。最后，在海外投资及海外投资产品中，平安的合资企业将为其带来其他同行无法企及的竞争优势。

富通在中国扩展业务已达10年之久，因而中国同行对其并不陌生。2001年，富通持有太平洋人寿24.9%的股份。2003年，富通与海通证券建立资产管理公司并持股49%。2007年，富通出资240亿欧元与苏格兰皇家银行（RBS）联手并购荷兰银行。

富通当时的总资产约为1330亿欧元，并购荷兰银行后，其资产总值将达到2450亿欧元。为筹资收购，富通发行了股票期权、可转换债券、资产证券化产品，非核心资产也上市待售。2007年年末，金融危机爆发，富通被迫注销数十亿欧元抵消次贷相关资产。在融资并购荷兰银行的压力之下，富通在虚弱的固定收益市场债台高筑。后来，富通疲软不堪，评级下调。

并购之举

2007年10月，平安首次投资富通。至11月底，平安已购买富通股票9501万股。2008年1月，平安增股至1.1亿股，增持富通总股份至4.99%，投资价值为21.1亿欧元。平安成为富通的最大单一股东。

2008年3月19日，平安与富通共同宣布签署谅解备忘录，建立全球资产管理合作伙伴关系。平安以21.5亿欧元现金获得富通集团旗下的富通投资管理公司50%的股权。富通投资公司更名为“平安富通投资管理公司”。

马明哲宣布：“平安富通投资管理公司的成立是一次互利共赢的合作，对于中国平安具有重要的战略意义和价值。借此契机，中国平安得以快速搭建全球资产管理业务平台，并利用双方极具竞争力的分销网络，延伸到全球各主要金融市场。相信在双方的努力下，平安富通投资管理公司将迎来快速发展的新纪元，它也必将成为全球顶级的资产管理公司。”

这种伙伴关系使平安在建立全球资产管理业务中大步向前跃进。富通也因平安在中国的影响而受益，并利用平安新渠道吸引中国资金。

投资结果

次贷危机持续及市场动荡榨干了富通的市场份额，比利时政府、荷兰政府、卢森堡政府不得不出手相助。2008年10月，平安宣布撤销购买富通投资管理公司50%的股权。

尽管平安叫停了对富通投资管理公司的收购，其作为最大股东之一却蒙受了巨大损失。平安在富通的持股市值蒸发约90%。2009年4月，平安宣布注销其在富通的33.4亿美元股票，损失额为2008年净利润的99%。投资富通损失惨重、不了了之。原先一路高歌的投资转身成为中国企业有史以来最差的海外投资之一。

展望未来

收购富通的惨败发人深省，马明哲理应平静地对待公司海外扩张的壮志雄心，但他却坚持己见，不愿改变预定目标。平安仍承诺要成为综合性国际金融巨头。平安已获得了寿险、产险、养老保险、银行业务、证券、信托保险的金融许可。旗下的银行向现有顾客低价销售银行卡。公司计划采用一站式销售模式，向5000万顾客推广银行业务及投资服务，同时期望银行业务、资产管理、保险业务未来十年内可形成三足鼎立的局面。

平安集团董事长张子欣表示，平安的业务已涵盖各个方面，因而银行保险业务会取得成功。“综合银行业务已奄奄一息，”他说，“但我们的银行业务却不同。我们的每个业务都是从零开始，业务发展过程中，我们的年轻客户群在不断壮大。”

经验教训

中国服务业仅约占GDP的43%（《世界概况》，CIA，2009年），远低于2010年全球63.2%的平均水平（《世界概况》，CIA，2009年）。服务业在中国经济发展中突飞猛进，得益于许多因素。服务业的发展将促进中国城市化进程，中国的新兴中产阶级有望成为服务业消费的主力军。

中国与世界接轨的进程日益加快，必将提高会计、管理咨询、法律等方面的技能与世界标准持平。中国政府已采用新型战略策略，通过刺激国内消费、控制国外投资，推动中国经济发展。加工制造业将持续增长，但服务业尤其是金融、银行、保险等，将发展得更快。

银行保险模式在许多国家已弃之不用，但在中国却颇受欢迎。中国消费者曾经面临着多种多样的服务选择而有些不知所措。平安的一站式销售模式简化了客户的选择过程，交叉式销售又在保持经济规模基础上增加了收益。在中国目前的发展阶段，综合银行业务仅能勉强运行。

平安国际化扩张的宏伟目标遭到富通的当头一击，但公司仍坚持提供综合性金融服务，并坚持执行向国际扩张的策略。正如平安发现的那样，云谲波诡的市场中，最佳策略可因变化市场中的时机而改变。

第九章

大族激光：创造新市场

千里之行，始于足下。

——老子

高云峰的早年生活与背景

1996年，29岁的高云峰创办了大族激光科技股份有限公司，那时中国的经济面貌与现在相差甚远。当时，全国只有1万家私营制造企业，这些企业只能自食其力。

1967年2月1日，高云峰出生在吉林省，当时正值“文化大革命”时期。在家中的8个孩子中，他排行第5。两个年长的哥哥不得不干农活供养年幼的弟弟妹妹上学。

“文化大革命”后，中国重新将注意力集中在教育上。在全县中考成绩中，高云峰名列第79名。据高云峰回忆，上高中时，家里通常给他12个窝头作为一周的伙食。

高中时，高云峰的成绩迅速窜到班级前列。凭借优异的成绩，他进入了饶有声望的北京航空航天大学就读，专业为飞行器设计与应用力学。1989年，时已毕业的高云峰在南京航空航天大学获得了一个教师的岗位。高云峰家中一贫如洗，家人甚至承担不起通往南京的火车票费用。然而，随着时间推移，高云峰最终有能力资助其兄弟姐妹上大学，且其中两人获得了博士学位。

激光打标机

1992年，高云峰在香港争取到了激光打标机工程师一职。激光打标机造价约8万美元，利用激光打标机可将图案、图标印在各种不同产品上，例如普通纽扣、鞋、包、配饰等。尽管激光打标机已开始运用于西方国家生产线中，当时中国内地使用的激光打标机却不足10台。

激光打标机在香港地区的使用更为广泛，人人皆知该机器可增加加工制造过程的价值，但其却有易坏的缺点。联系生产商维修机器如同梦魇。工程师平均要等八周左右时间才能来厂维修。机器一旦抛锚，整条生产线就得停止。糟糕的是，在当时不仅机器抛锚不可避免，机器毫无故障地连续工作24小时通常也不大可能。

高云峰下功夫分析了机器频繁出现故障的原因，最后发现问题的根源为电流的微小变化。之后，他设计了一个电路板，即使线路电压变化，电路板也能自动维持机器内的电压保持恒定。高云峰的设计大大降低了机器的故障频率。

1995年，香港的一名客户计划从德国买进一台新机器，但早已对高云峰的创造性印象深刻。高云峰告诉这位顾客，他能以1/3的价格造出同样的机器。此外，他打算利用售卖新机器的资金建厂，并承诺给这位客户新公司的大量股权；若机器失灵，他将全额退款。这笔交易看起来极其诱人。

这位年长高云峰许多的客户坚持全价购买高云峰的机器并让他持新公司的全部股份，这让高云峰意想不到又吃惊万分。若机器故障，高云峰没有义务退款，这也在这位客户的要求之内。

高云峰因这位年长客户的慷慨而深受感动，因而夜以继日地工作，在三个月内造出了新机器。新机器工作状况极佳，高云峰也因此积攒了8万美元。1996年，他利用8万美元的资金，正式注册了大族激光公司。至此，高云峰已正式步入中国私营企业创业者之列，他们将不可逆转地改变中国未来的经济方向。

大族激光成立

获得许可证是一回事，在中国陈旧的经济环境中销售尖端机器又是另一回事。邓小平早就意识到，推动中国私营企业发展，必须鼓励发展使用简单机器的轻工业。多数企业家获利极其微薄，根本没有资金购买昂贵的设备，而且昂贵的设备如何产生附加值也不甚明了。

高云峰创立大族激光之时，中国鲜有人知道什么是激光打标机，更不知道这种机器有何用途。价格是激光打标机销售的最大难题。激光打标机进入中国市场时，卖价约为10万美元。这种机器要在中国那时的经济环境中销售看似非常困难，而且机器维修极为困难。

锁定国有企业。高云峰的首要目标是拿下国有企业，因为国有企业资金有保证。他是一个极其现实的人，清楚地知道自己需要与政府高官打交道。他没有这方面的人脉，但他以前的一些同班同学却在一家大型汽车公司——中国一汽集团工作，中国一汽又恰好在其家乡吉林。高云峰给朋友们打电话，朋友们帮高云峰找了一家小旅馆。与一汽管理层尽力交涉时，他就住在这里。

多次的交涉换来的结果只有一个——回去等消息。一周后，高云峰发现，旅馆中几乎所有人都在“等消息”，一些人甚至已经等了几个月。他得出一个结论：国有企业对刚刚起步且没有业绩纪录的小公司毫无兴趣。他也意识到自己目标定位错误。高云峰决定调转马头，以与自己相当的小型企业为目标，并以浙江省温州市为起点。

聚焦温州企业。中国向市场经济转变过程中，温州在纽扣、鞋、电子元件等领域拥有了绝对的垄断地位，这些领域的企业都是激光打标机的主要销售目标。温州产品出口全球，客户群体更为广泛。比之加工制造企业，温州企业更有可能理解使用激光打标机的意义，这为激光打标机的销售创造了更好的市场条件。

高云峰对温州的企业思维也有一定的认同感。温州的中小型企业不计其数，有创新精神的公司对待新思想新事物的态度更为开放。然而，高云峰的分析并不完全正确：他认为所有温州人都钟爱激光打标机，但与他交涉的企业中，没有一家愿意为从未尝试的机器支付8万美元。

温州的多数企业规模较小，无力承担风险。高云峰意识到，激光打标机在中国遭遇了困境：激光打标机没有市场，因为人们对其毫不知晓；人们不愿意在未看到其价值实现的情况下购买如此昂贵的机器，因而激光打标机很难打开中国市场。要想卖出产品，高云峰必须创造市场。

高云峰用了6个月时间对温州地区细致摸底，并发放传单介绍其产品及思想。这些努力如石沉大海、杳无音信。随后，高云峰意识到，只有自己建立市场才能解决这一问题。他需要使温州企业因他的机器而赚钱，这样机器的真正价值才能晓于天下。

高云峰预定了一台激光打标机并运到温州，开始将各式简单图案印在纽扣、鞋、包、打火机及其他可用激光打印的产品上。得知多数企业家为半文盲、对英文一窍不通的事实后，高云峰开始在传单上使用英文，向潜在的海外客户解释激光打标机的附加价值。高云峰意识到，可通过向温州企业展示激光打标机增加产品出口力的方法打开激光打标机在温州的市场。

9个月后，温州一家企业迎来了激光打标机产品的第一份试验性海外订单。新的两难境地接踵而来。收到订单的潜在客户想要购买一台高云峰的机器，但他也希望高云峰不将产品卖给其他温州人。高云峰的最终目标是开拓激光打标机市场，仅凭这笔交易难以实现目标。这也是一个需要保持头脑清醒的时刻。大族激光已濒临破产，若点头交易，公司将有资金保障，可避免破产。高云峰谢过这位客户的美意。高云峰决定坚守建立市场之阵地。

不久之后，温州又一名客户下了订单，准备购买高云峰的机器，且无任何附加条件。高云峰将产品送货上门。不到两个月，客户便获得了与激光打标机等价的收益。不久之后，这位客户的亲戚朋友强烈要求购买激光打标机。高云峰一下子有了生意可做。短短几年内，以大族激光为标志的打标业务助力布包钮扣行业，仅在纽扣行业便销售达4000万美元。

守江山

对高云峰而言，成立公司只是一个开端。在中国瞬息万变的经济环境中维持企业的持续运转才是最重要的。他很快发现，成本和维修是建立市场的关键所在。他开始将一些部件本地化生产，以降低成本。除核心元件外，其他部件都是本地化生产，高云峰独有而海外生产商没有的竞争优势因此越来越明显。最终，核心元件也得以在中国生产。

高云峰策略中至关重要的一点是简化机器设计，将完成特定工作所需的元件数量降到最小。如果需要完成其他工作，则可增加元件。高云峰也成功地将产品价格降到3万至4万美元。大族激光的强势竞争迫使外国生产商在中国的销售价格降低20%~30%。即使降低了价格，大族激光仍能保持50%左右的毛利润。

多数新技术企业需大量投资研发，且开发一种可上市产品需要18个月或更长时间。高云峰感到自己没有资金和时间投资于上述产品开发，因此他竭尽全力利用手头信息和经验设计最好的机器。他签约了一名工程师，在产品售出后对机器进行6个月的跟踪与调试。工程师每天向总部报告机器的运行情况，工作人员则不断调整机器，直至其工作效果令人满意为止。

表面上看，这是为了满足大量顾客的个人目的；但实际上，这是一种研发模式，这种模式可为公司节省大笔资金。高云峰的公司并未尽力预测机器可能出现的故障，而是忙于钻研，并在问题产生后第一时间予以解决。总部的小型研发团队能够聚焦生产线运行过程中出现的问题。所有调试完成后，每台机器都能满足客户的特殊需求。这使得大族激光打标机更受客户青睐。相对低廉的价格也为公司带来了巨大收益。

大族激光的经验越积越多，其产品也在该领域的研发中得到极大改观。1996年至1999年间，大族激光对其产品进行了3000次改进，每台机器都能迎合不同客户的特殊胃口，这着实令人不可思议。自始至终，高云峰都确保其技术能够应对实际的市场状况，而不是让工程师闭门造车，期望产品推出后能够适应市场需求。

高云峰对在香港做工程师的那段日子记忆犹新，那时，多数公司要等8周或更长时间解决机器故障问题。无论顾客离得有多远，只要机器出现故障，高云峰就立即派遣工程师到达现场。大族激光最终在全国建立了150个销售和服务中心。多数外国生产商提供标准化软件，而大族激光却可以应顾客需求当场为其制作特定软件。因此，大族激光的产品更为灵活，也能更好地完成手头的特定工作。

大族激光最终打破了机器运行时长不能超过24小时的禁锢，这得益于其自己生产的软件。微调软件并调整运动传感器和光学设备后，大族激光产品可消除机器运行几小时后不可避免的故障。大族激光的突破具有革命性意义，竞争对手则控告其发布虚假广告。一名政府部门的检查员在机器旁守了一天一夜多的时间，但机器却未有故障，检测结果出来后，他无奈地承认大族激光的机器已完成了以前认为不可能的事情。

高云峰意识到，许多想要使用其产品的人文化程度有限。大族激光建立了自己的学校并配备了培训设施，开始发行有关其产品使用及计算机技能的手册。这一项目非常成功，客户纷纷让孩子们来此接受进一步的教育。

国际市场

高云峰认为自己已在国内市场中安身立命时，也开始期待与国外买家合作。中国境内的一个外资持有的键盘生产商意欲与美国一家公司签订激光打标机的购买合同。高云峰听说此事后，派遣其销售团队前去竞标。后来反馈说键盘生产商对大族激光并不感兴趣。高云峰并未灰心丧气，而是联系了键盘公司的一名主要股东。

高云峰以购买美国机器会延期交付为由，对这位股东一直游说。他斩钉截铁地说，若要购买美国公司的产品，则至少需要八周时间运送机器。高云峰心中清楚交付时间漫长而且使人沮丧的感觉，劝服那位股东在美国公司运货期内免费使用大族激光的激光打标机。

高云峰精挑细选，组建了一个团队，并派遣他们晚上前去键盘厂为其生产线安装激光打标机。第二天早上，键盘厂员工进厂上班前几分钟，打标机的安装大功告成。大族激光还成立了抢修队，以防工作过程中出现任何差池。从美国购买的机器终于送到了键盘厂。键盘厂这一客户认为美国机器的技术更精湛，但大族激光能满足公司的特殊需求，及时提供高质服务更为重要。因此，该厂之后的订单都与大族激光签订。

高云峰的管理秘籍

除技术创新外，大族激光的成功也受益于高云峰的管理秘籍。与多数其他企业不同，高云峰在立厂之初便摒弃任人唯亲的原则。亲属、朋友、亲密同事都不在大族激光任用之列。

高云峰喜欢把公司的就业结构描绘成杠铃，销售团队和工程师分居两头。他故意压低员工基本工资水平且低于业界最低水平，但却实行加班奖金制度。销售人员的月基本工资为100美元，工程师的起始工资约400美元/月。

在销售方面，公司实行优胜劣汰制度。销售人员奖金没有上限，但为了保住工作，他们必须争取奖金。因此，销售业绩不佳的员工很快遭到淘汰，最成功的人则在大浪淘沙中渐渐升到顶层。

工程师管理过程中，也采用同样方法，但主要侧重工程师能提出多少新的创新思想、有多少新的运用、能为公司带来多少利润价值。正如高云峰所见，研发实为获利的中心点。

融资必要性

实际上，高云峰已建立了近乎完美的企业模式。高云峰面临的大问题是资金不足，其机器设备成本高昂，因而资金对其影响更为显著。

高云峰曾尝试采用按单加工方法解决这一问题。他利用客户支付的30%预付款购买必要元件，然后组装机器，并在几个月内送货。若一切运行正常，他将在机器安装使用时得到全额支付。

对成长中的新企业而言，这是一种有效的融资手段，但这也使公司在大量风险面前不堪一击。客户可能拒绝支付，机器可能出现始料未及的问题，或者出现订单突然增多的情况，这种情况下亟需额外资金，当然元件成本也将随之激增。上述任何因素都能引发严重的资金流问题。

高云峰建厂一年后便面临一次危机：员工回家过春节的年假来临之际，他没钱给工人发工资。每名员工都期望多发120美元过节。无奈之下，他以公司的厢式货车为抵押，筹集了3600美元。

还有一次，他以公司厢式货车抵押了9万元人民币购买元件。资金问题有时候确实让高云峰非常无奈，甚至走投无路。然而，同行对手却能从国有企业中获得充足资金，高云峰则有落后之风险。万般绝望之时，他写了成百上千封信寻找融资伙伴。

深圳的一家国有企业看似可成为大族激光的如意救星。这家公司专门和中小型企业搭档，对大族激光饶有兴趣。此外，这家公司对大族激光的创业精神备加欣赏，对其拥有自己知识产权的软件也极为钟情。历经4个月的商讨，这家深圳企业最终报价。美中不足的是，这家企业意欲控制大族激光51%的股权。这成为双方争论的焦点。

高云峰殊死抵抗了5个月，但这家国有企业死守立场、毫不动摇。高云峰警觉到，若无资金注入，公司极有可能倒闭。高云峰最终做出了让步，但在协议中做出了如下规定：若大族激光18个月内净资产值增长240万美元，高云峰则可买回深圳公司的股权。合同签订之初，大族激光净资产值价值100万美元，因而深圳公司认为高云峰的提法是痴人说梦。

然而，深圳公司却严重失算。凭借资金注入，高云峰成功越过了曾扼住大族激光咽喉的障碍。通过与国有企业联姻，大族激光的信用额度增加到350万美元，且可以从国有银行借贷。这为高云峰突破订单生产模式扫除了障碍，同时使公司具备库存元件，新订单因此极大地降低了交付周期。

1999年，大族激光卖出了69台机器，超出了50台的原定目标，而一年前的销售量仅为10台。2000年，机器销量为249台，几乎为1999年销量的4倍，收益达720万美元。大族激光一跃成为中国激光打标机市场的霸王，牢牢把持中国60%的市场份额，且在活力四射的广东市场中独吞90%的市场份额。

公司为其突飞猛进付出了代价。深圳这家国有公司坚持让自己的人员执掌公司，而该董事长将亲信安插于公司要职之上。这种任人唯亲的行为与高云峰的原则分庭抗礼，也使员工人心惶惶。深圳企业手握控股权，高云峰有心改变局面却貌似无力回天。

高云峰收复失地

2000年10月，18个月的协议期已过，高云峰决定依据条款买回深圳国有公司占有的股份。那时，大族激光净资产值超过360万美元——高出规定额120万美元。这家国有企业不愿就此放手，这是人之常情，但其最终只得极不情愿地以1700万元人民币交出公司46%的股份。高云峰同意这家公司持股5%作为期货投资。

高云峰以自己的股权作为抵押，用抵押贷款预先支付深圳企业一半的金额。同时，高云峰需获得大量政府部门的签字以完成交易。签字的流程拖到年底才完成。在那之前，高云峰得知国家出台了新法规，其在商场的游戏规则也随之改变。

依据新法规，此后所有国有企业的股权交易需经公开拍卖，换言之，深圳企业所有权交易中心将受理此次股权交易。对高云峰而言，以1700万元人民币买回公司股权的协议已无效。他索要这笔资金时，却被告知公司存在“资金流”问题，此笔款项已不能退还。

这看似是一个有预谋的骗局，目的是阻止高云峰行使权力、收复公司。除损失100万美元以外，新法规还要求高云峰存款60万美元才有资格参与其公司的拍卖。拍卖将以开放形式进行，股权拍卖价定会超过预订的200万美元。显而易见，他们要将高云峰扫地出门。

祸不单行，组织拍卖销售的深圳企业所有权交易中心大肆增加大族激光的竞争。若对手握住控股权，那么大族激光极有可能淘汰出局或消亡于市场。高云峰有权将这家深圳国有企业告上法庭，但高云峰意识到，与之硬碰对自己有百害而无一利。

高云峰并未惊慌失措，而是高瞻远瞩。一位出借者曾为公司提供了第一笔金额为100万美元的贷款，现为大族激光的私人股东。高云峰决定向其求援。

据高云峰分析，若竞标失利，公司将遭肢解，上述出借者的股份将一文不值，且要随公司损失100万美元。另一方面，若这名出借者继续为高云峰提供资金以实现目标，则有可能因公司翻盘而得到更多利润。该出借者认同高云峰的推理，最后同意为其提供资金。

拍卖会于2001年4月4日举行，高云峰过五关斩六将，在激烈的竞标战中节节胜利，最终以收复公司而凯旋。拍卖最后的成交价为300万美元，而不是原定的200万美元，但却非常值得。6月15日，高云峰以公司股票价值3.8倍的价格成立了一个私人投资机构。

高云峰这一动作是为确保公司中个人投资者持股不超过10%。他不会被同一石头绊倒两次。此举之后，高云峰顺利偿还了首次贷款并支付利息430万元人民币。

大族激光上市

收复公司后，高云峰决定率领大族激光上市。2000年，其最大劲敌北京大恒光电技术公司通过首次公开募股方式筹集资金5440万美元，但大族激光仍受公司资金流问题束缚。2002年，公司收益约2000万美元，获利近400万美元，但只有790万美元到账，仍有124万美元资金流亏损。

2004年6月11日，大族激光在深圳证券交易所中小板公开上市，首次公开募股以每股1.09美元的价格融资2880万美元。上市当天，其股票以4.83美元/股开盘，收盘价为4.82美元每股。上市股票占公司股份的43.36%。高云峰的个人持股价值也一路飙升，超过2.17亿美元。借助首次公开募股，高云峰用公司股份嘉奖核心员工，尤其是最优工程师。

阻碍大族激光发展的现金流问题已基本解决。公司以与温州纽扣厂合作发轫，2006年将业务扩展至70多个国家，并逐渐增加产品新用途。公司开发了激光切割机、激光内雕机、激光表面处理机、激光标签机、PCB激光钻孔机、激光焊接机等多种产品。

大族激光已成为世界激光打标机业的领头羊，独享中国80%的市场份额。同时，大族激光也是中国激光切割机、世界PCB激光钻孔机行业的亚军。2007年，其销售额达到1.963亿元人民币——已是上市之前的4倍多。

2008年7月，大族激光增发新股约1.464亿美元，这将用于建设世界上最大的激光产品生产基地。

高云峰的成功之路及前景

对大多数人而言，43岁是开始步入人生黄金期的年龄。2010年，43岁的高云峰跃居福布斯中国富豪榜第336位，私人资产约为2亿美元。从一周只有12个窝头的高中时代直到今天，高云峰走过了漫漫长路。

高云峰在事业之路上有过几次巨大而令人难以置信的挑战，但这些挑战却带来了极大利益。其他总裁或许已选择早早退休、安享晚年，但高云峰却一如既往地为其苦心经营的公司殚精竭虑。高云峰尤其担心激光打标机市场独特、潜在客户稀少的实况。“我感觉我是在自掘坟墓，”他说，“每卖出一台机器，则意味着人们对机器的需求减少一台。”

大族激光年均复合增长率为50%~60%，并继续开设新厂、研发新设备，但从长远来看，这种增长并不持久。虽然公司现在冠居市场，但高云峰清楚，公司迟早会面临市场顶层和底层的压力。大族激光的对手已将生产加工转至中国本土以降低成本，中国市场的竞争将不可避免地升温、加剧。即使没有外部竞争，高云峰也面临着新的难题：通过改善产品质量、延长产品寿命，大族激光已使自身赖以生存的市场渐趋饱和。

世界金融危机使人惊醒，对所有企业都产生了严重冲击，大族激光也未能幸免于难。对大族激光而言，此次冲击只造成了增长率及利润同比下降15%、39.37%。任何企业对此都会深感欣慰，但高云峰却看到了潜在的危机。他坚信，公司需采用新策略以保持持续发展。

正如高云峰所见，可选之机错综复杂。一种方案是大族激光可向激光以外的业务扩张，并为选定的企业提供整体加工解决方案，这需在研发及生产能力中大笔投资。大族激光试图在韩国复制其企业模式，但却夭折。因为韩国不具备中国市场的协同作用，且成本高昂、市场遥远、与中国的境况相差甚远。

第二种方案是向激光领域外扩张，并进军广阔的光电行业。2007年，大族激光开始生产LED发光二极管。对气候变化关注的增加及节能的号召使发光二极管成为新宠。太阳能也同样成为新宠。另一方面，大族激光可以从其擅长的领域完全撤军并开发服务业。中国政府确立了2020年实现服务业收入占GDP 50%的目标。此外，从农村涌向城市的大规模移民使房地产业成为极具前景的投资方向。

最后一种方案是走向国际。这是高云峰一直梦寐以求的。大族激光突袭韩国市场失败，尝试与新加坡的外国公司建立合作关系也未能成功。新加坡合作方起初希望大族激光在新加坡建厂并且实行元件本地化生产，但其后来终止合作关系。该合作方另建新厂，与大族激光正面竞争。合作方的360度急转弯警告高云峰：全球竞争险象环生。

事实正如高云峰理解的那样，走向国际则需最终实现国际化。大族激光投资收购意大利生产商Prima Industrie集团9.92%的股份，以期获取高能量激光切割技术。高云峰很快发现，西方企业担心中国盗用其技术，因而一直心存戒备，所以双方关系极为尴尬。

深思熟虑后，高云峰确定最终解决方案为组建国际研发团队为其助力。2004年，他在深圳组建了世界一流的研发团队。该团队带来了自己的专利，重新设计了大族激光的研究程序，并培训企业的研发人员。2005年，大族激光已研制了自己的紫光线激光技术，且其产品远远优于对手产品。高云峰后来说，他得到的教训是“你必须十分明确你想要什么”。

2008年，全球已有3万多台大族激光机器投入使用。大族激光通过提供免费服务扩大市场份额，但现在维修服务却在吞噬公司利润。事实上，免费维修的费用相当于公司60%的毛利润。公司在继续寻求越来越多的市场份额还是集中精力实现利润最大化之路口徘徊不前。

无论选择哪条道路，高云峰已清晰地将自己转变为国际舞台中的重量级演员。在中国转瞬即变又跌宕起伏的经济环境中建厂使高云峰获益颇丰，凭借这些经验教训，他将在国际竞争中大放光彩。

第十章

海尔撬开美国零售市场之门

首先我们先观察、消化新方法，然后我们模仿，最后我们学会了就可以独立设计。

——海尔集团CEO张瑞敏

惠而浦是美国家用电器行业的领军企业之一，其董事会虽未惶恐不安，但高级管理层开始看到愈加明朗的威胁却是不争的事实。惠而浦的高级总裁们已得知，其身陷泥沼的敌手美泰克准备出售，且极有可能成为中国对手海尔的盘中之餐。若交易达成，海尔则能顶着美国的知名品牌销售产品，海尔也因此有望成为更有力的强敌。

尽管美国消费者总把海尔视为廉价冰箱和空调生产者，但惠而浦却已对海尔知根知底。广东科龙是海尔在国内的头号对手，惠而浦曾尝试与科龙建立合资企业、进入中国市场。

科龙策略虽好，但只是纸上谈兵，实力方面无法与海尔正面竞争。惠而浦尝试在中国倾销氟利昂制冷电冰箱，这一不明智决策使数百万美元打了水漂，对合资企业而言则是双重打击。

合资企业主管们猜测，中国的消费大军并不知晓许多发达国家禁止使用破坏臭氧层的氟利昂，但这种猜测却是大错特错。中国大众了解氟利昂，因而对惠而浦和科龙的产品敬而远之。现在，惠而浦有可能与披着美国品牌的中国霸王龙抢占地盘，因此觉得有必要在竞标战中击败海尔。惠而浦最终一掷千金，以守住其在国内的地盘。

海尔首次突袭美国市场看似无伤大雅。海尔在美国起步于缝隙市场——向学生宿舍售卖廉价的迷你冰箱。海尔执行官们很快发现，大学生宿舍空间不足，因而迷你冰箱又设计成双层，可用作电脑桌，这一创意深受学生欢迎。与此同时，惠而浦等主要对手却以看热闹的姿态袖手旁观。在当时看来，廉价冰箱是中国人的老花招，根本无力在高端市场中竞争。张瑞敏是海尔集团的创办人，他坚信进入发达国家市场最有效的方法是专注主要对手不屑一顾的领域。事实上，海尔一直有条不紊地践行着张瑞敏深思熟虑的策略。

征服美国大学宿舍市场后，海尔又推出了具有藏酒功能的冷柜。通常，只有热情高涨的美酒收藏家才不厌其烦地将酒藏在电流恒定、温度精准的设备中，而符合标准的设备又异常昂贵。但海尔冷柜的价格仅约200美元，城市中年轻的工薪一族也能借此享受品酒家的特权生活。

不久后，海尔便独占了冷柜市场。紧随其后的不仅是源源不断的利润，而且美国头号折扣连锁店也将海尔迎入门内。海尔销售部与沃尔玛的协议合作周期长达一年。海尔的产品犹如门缝中的楔子——一步步挤进美国市场。待海尔的美国对手如梦初醒时，沧海桑田之势已定。

海尔称雄中国

凭借暗渡陈仓，张瑞敏已率领海尔潜入美国市场并取得了极大胜利。张瑞敏的策略是认准市场中不受关注的领域，试试水深，然后大举扩张使其更有竞争力。

许多美国人认为海尔仅是一个廉价家电的低成本生产商，但海尔实已称雄。海尔早已凭借高于市场价15%~20%的产品成为中国家电业的骄子。在降低价格和改善产品质量以扩大市场份额的选择中，海尔一直忠于后者。海尔的成功不在于产品价廉，而在于质优。海尔的管理也系统有序。

《华尔街日报》将海尔评为“中国最佳管理企业”。在向国际市场扩张的千军万马中，海尔无疑是最为成功的佼佼者。海尔集团公司在香港和深圳证券交易所同时上市。

张瑞敏如饥似渴地阅读现代企业管理方面的书籍，他的深谋远虑是推动海尔惊人发展的主动力。海尔的创建神话始于1984年，那时中国实行市场经济仅几年时间。少数小规模私营企业主仍苦心经营、运作自如，但中国经济要经历重大变革已是十拿九稳之事。那时，人们对国有企业的支持逐渐降温，而私营领域则越来越繁荣。

那时，张瑞敏拥有稳定的工作——青岛市家电公司副总经理。那时的工厂狼藉一片，他们只能勉强工作，但冰箱却供不应求。一旦生产完成，顾客便争相排队抢购。

尽管市场需求旺盛，青岛电冰箱总厂却日薄西山，无奈之下只得从周边乡镇政府借钱发工资。青岛市政府希望张瑞敏放弃“铁饭碗”（有保证的工作、收入和福利），挑起几近破产企业的大梁。张瑞敏欣然接受了挑战。

张瑞敏眼光独到，见解深远：长远看来，质量终将成为比价格更为重要的决定性因素。张瑞敏分析，中国大众与其他国家消费者一样，宁肯多花钱购买质量可靠、维修简便的产品，也不愿购买质量差、售后服务差的产品。

张瑞敏受命接手奄奄一息的青岛冰箱厂时，中国已有大约300家生产冰箱的公司。几乎所有公司产品的质量都为一般水平。为寻求不同思路，张瑞敏到德国考察，并将欧洲家电与中国家电两相对比。张瑞敏一直思索着这样一个问题——中国人并不差于德国人，但中国产品为何质量不及德国产品？他制定的发展策略为“首先我们先观察、消化新方法，然后我们模仿，最后我们学会了就可以独立设计”。

张瑞敏获得了德国一流冰箱生产商利勃海尔的最新技术许可。回国后，他以“琴岛—利勃海尔”品牌重修生产线并将产品推向市场。随后，他从日本三洋电子公司和丹麦Derby公司引进生产线，并与日本三菱、意大利默龙尼建立合资企业。1991年，公司更名为“琴岛—海尔”。“海尔”一词是对“Liebherr”中“herr”的音译。1992年，公司名称中去掉“琴岛”二字，简化为海尔集团。

质量关乎成败

技术升级的同时，张瑞敏也意识到有必要改变员工心态。曾有一名顾客将其所购冰箱送回海尔并要求退换，这是一个至关重要的转折点。张瑞敏检查了刚刚生产完毕的冰箱，发现其中20%根本无法正常工作。在工人不觉察之际，他从生产线中挑出76个残次冰箱，并当着所有员工的面将冰箱砸得粉碎。

这一举措传达了明确信息：海尔已建立了新的质量标准。为使质量观念深入人心，张瑞敏在工厂地面上画了两个黄色脚印。任何生产不达标的人都要站在黄色脚印上，向同事解释自己的错误。在极其讲究脸面的中国，这一战略十分有效。

事实上，张瑞敏巧妙地利用中国文化，确保人人重视质量问题。张瑞敏在美国建厂时，这种原则同样有用武之地。业绩突出的员工站在蓝线之前，业绩不佳的员工站在红线之后。同厂的群体压力对新标准施行产生的效果远非管理命令所能及。

国有企业的集体所有制及就业保障使员工极度缺乏责任感，海尔另择他路，引进西方的优者晋级末位淘汰的管理理念。公司实行对前十名管理者公开表扬、后十名开除或降职的政策。（2009年1月，海尔因电视及个人电脑销量不佳而开除了该部门6名员工。）

张瑞敏建厂后第二年，起死回生后的公司盈利超过1100万美元。1988年，海尔在全国电冰箱企业国优评比中摘得桂冠。1989年，供过于求已开始在中国市场蔓延，许多企业卷入价格战，产品利润降低，质量下降也在所难免。张瑞敏却反其道而行之，进一步提高质量标准。尽管价格战硝烟弥漫，海尔产品的价格仍高于市场价15%左右。

并购产生多元化

20世纪90年代初，海尔开始实现多元化并涉足空调和冰箱业务。海尔的战术是寻找产品有市场需求但管理无效、运行不佳的公司。海尔的头两个目标是青岛空调厂和青岛电冰柜总厂。海尔接手了两个公司的债务并留住了厂内多数员工。不到一年，两个公司便扭亏为盈。

之后，公司更名为海尔集团，以彰显其多元化。该来的总会来，但对海尔而言却危险重重。为巩固业务扩张，海尔耗资约950万美元在工业园区买地500英亩。但其1992年年均利润不足600万美元，建造成本预计近1200万美元。海尔需向银行贷款支付开支，但其签署贷款协议后不到一个月，政府加紧贷款控制，打击房地产投机。

迫在眉睫的灾难有可能使公司消亡，但最终却促进公司更快发展，这种情况屡见不鲜。海尔已没有其他的融资手段可选，因而准备在上海证券交易所公开募股，出售冰箱部43%的股份。这一博危机四伏，但海尔最终募集的资金超过其计划的银行贷款金额2倍。额外资金可确保公司加快扩张步伐。

海尔一贯注重品质，反对过快扩张，公司的成功已使其转变为当地政界眼中的救星。1995年，青岛市政府求助海尔盘活回天乏力的红星洗衣机厂。海尔不负众望，留住了公司员工并承担了1500多万美元的债务（债务金额与海尔年利润相当）。一年半时间里，红星夺得中国洗衣机业的金牌。到1997年，海尔已兼并15家公司，其产品从洗衣机到电视机和通讯设备应有尽有。

国内竞争越演越烈

1998年，海尔已占据了中国洗衣机、冰箱、空调市场1/3的份额。大型市场零售业逐渐枯萎，海尔则瞄准中国农村市场，将其销售、服务、资金运营与集团内部各部门合而为一。

但海尔却面临着新的挑战。中国的冰箱生产业呈现适者生存的局面。20世纪90年代末，中国只有20个大型冰箱企业，其中10个已吞并了80%的市场份额，三大巨头则占据60%的市场份额。据估计，这些企业每年至少需生产并销售100万台冰箱才能盈利。大型公司还要与精于一两种产品的小型企业竞争。

广东科龙也是一家冰箱生产公司，兼并一家空调厂后在香港证券交易所上市，对海尔构成了巨大威胁。与海尔不同，科龙实行多品牌战略，并签订协议在中国为惠而浦生产洗衣机。科龙以自己的品牌销售高端产品，以独立生产线中的廉价产品进军中、低端市场。采用不同的生产线使科龙难以维持经济规模，并时而出现亏损。

同时，科龙觉悟到中国农村地区、二三线市场可能是利润增长最快的市场，因而展开与海尔的竞争。2001年中国加入世贸组织后，二三线市场竞争进一步加剧，跨国公司纷纷涌入中国与中国品牌抢夺地盘。20世纪90年代初期，一些外国竞争对手通过合资企业的形式渗入中国市场。

跨国公司在中国的目标是中国主要城市的高端市场，而后转向农村市场。现在，中国已对西方尖端制造业敞开大门，多数跨国公司已预料到与其他跨国公司之间的竞争将是最为残酷的。它们很快发现，海尔和科龙的技术不分上下，只是海尔产品价格更低、设计更符合中国人的口味。

将中国市场视为可怕的庞然大物，对这些跨国公司而言是一种错误。它们未能抓住中国人口差异及区域品位差异这一要素。中国幅员辽阔，很多外国人难以理解，而跨国公司则倾向“以一适百”的策略。跨国公司在中国仍销售西方已过时的技术。尽管多数发达国家已使用更环保的技术，惠而浦却觉得中国大众或许不会觉察到材料间的差异，仍在中国销售氟利昂制冷剂冰箱。事实上，中国大众和西方消费者一样了解行情，惠而浦因此重重摔倒、损失惨重。

创新思路及创造性管理制度

海尔并未躺在功劳簿上止步不前，而是将5%~7%的年收益投入研发。竞争对手的产品无力淘汰海尔产品，但海尔自身的产品却不断推陈出新，这一点海尔引以为豪。

海尔最大的成就是保持对中国市场的敏感性，并在此基础上不断改善管理。海尔建立的体系犹如一个基础平台，配备不同标准的模块，以满足所有消费者的需求。因而，海尔产品分96大门类，15100种规格。若顾客希望冰箱中有储存韩国泡菜的专门区域，海尔就会生产具备这种功能的冰箱。为消费者改变产品耗资并不多，但消费者却钟爱海尔为其量身制作的产品。

此处有一个最能反映海尔本质的例子。四川省一位家住农村的消费者投诉其洗衣机经常故障。海尔的一位维修人员发现，该农民的洗衣机中塞满了泥巴。

原来，这位农民一直用洗衣机洗地瓜。海尔没有指出这位农民的错误，而是重新设计洗衣机，并展开广告大战：海尔洗衣机是洗衣服、地瓜、花生的理想之选。上海的夏天热浪袭人，海尔推出了一款小型洗衣机。这种小款洗衣机顿时风靡了上海的小面积公寓。海尔随后又推出了免清洁剂洗衣机和洗甩一体机。

海尔的多数家电产品针对地方消费者口味设计，这使得标准模型与配套系统相依相伴，在标准框架下满足产品的地方性需求成为可能。“我们偶尔会添加一些新功能，”张瑞敏解释道，“但基本模型在那里，我们不会随意改变。”

然而，海尔最具创新性的思想融于其创新性管理之中。1990年，海尔启动电脑追踪系统，以确保其新型服务体系能够追踪其数万名顾客。那时，售后服务在中国凤毛麟角，即使高端的外国家电品牌也很难在全国范围内提供售后服务。2004年，海尔建立了覆盖全国的售后服务网络，5500名独立承包商也在网络之中。消费者可拨打全国热线预约上门服务。若消费者购买的家电需返厂维修，海尔则为其免费退换。

海尔在及时供货采购中也首屈一指。海尔的销售网络遍布全国，由42个中心、300家货运公司、16000辆货车组成。海尔的日均货物运输量为10万件。海尔创建的单一运营模式可满足所有服务需求，因而经济规模无人能及。外国公司也与中国货运公司签订合同，却很难形成覆盖全国的可靠网络，且运营成本也一直高于海尔。

海尔走向全球

尽管海尔取得了巨大成功，公司管理层却小心翼翼地规划着未来。他们深谙，在飞速变化的全球环境中，国内外的竞争终会赶上公司的发展步伐。1997年，张瑞敏宣布公司目标：国内生产、国内销售占1/3，海外生产、海外销售占1/3，国内生产、海外销售占1/3。

20世纪90年代，海尔与众多外资企业建立了合资企业，这些企业则为其积累了国际经验。但1997年是一个转折点。海尔电冰箱在德国极为畅销，但是却以利勃海尔的Blue Line为品牌名称。在德国一家杂志的质量盲检中，海尔的8台冰箱模型令利勃海尔的7台模型黯然失色。海尔认为，以自己的品牌名称在德国销售冰箱的时机已到。同时，海尔也在亚洲市场推出海尔品牌产品，并在菲律宾销售冰箱、洗衣机及其他家电。

张瑞敏清楚地表示，尽管多数中国企业出口产品捞洋金，但海尔却践行更为务实的目标。“我们的出口目标，”他说，“是在海外形成品牌认可。”在实现目标的过程中，张瑞敏以在发达国家市场中的销售产品为主，而不针对需求相对较少的新兴市场。

张瑞敏分析，若能在竞争最激烈、管理最严格的市场中取胜，海尔则能在以后相对容易的市场之争中如鱼得水，因而采取先难后易的步骤。一旦海尔在欧洲和美国建立品牌，便能与通用、松下、飞利浦等知名品牌在新兴国家市场中平起平坐。

后门入场

据张瑞敏总结，最好的战术是专注每一细分市场中的几种利基产品以试探市场反应，且要避开潜在竞争者的路子。尽管有良策在手，海尔还是遇到了挑战。要想成功，海尔必须赢得主要折扣连锁店的芳心，这却比预想难得多。

海尔进入美国之初规模甚小。1994年，海尔才得以打破美国市场坚冰。当时，纽约进口公司的合伙人迈克尔·杰莫尔对海尔小冰箱兴趣浓厚。海尔的小型冰箱只有三台符合美国的能源安全标准，但杰莫尔却买了15万台并以Welbilt品牌一年内将产品销售一空。

1999年，杰莫尔与海尔建立了合资企业“海尔—美国”。除会计来自青岛外，合资企业所有的员工几乎都为美国人。张瑞敏得知美国的工资远远高于中国，但他计划高价销售产品，因而海尔能够承受美国员工的较高费用。

杰莫尔从消费者角度出发，瞄准大型零售链。虽然努力了一年才得以与沃尔玛洽谈成功，但他这种放长线钓大鱼的策略却相当成功。三年内，海尔便攻下了美国30%的小冰箱市场。其他公司东施效颦时，海尔创新设计，并先竞争者一步推出产品。海尔在南卡罗莱纳州耗资4000万美元建立工业园和冰箱厂。至2002年，海尔已在美国售出8万台标准冰箱，其市场份额占比2%。

沃尔玛起初不愿和海尔浪费口舌，2002年却从海尔买进40万台小冰箱、洗衣机和空调。美国市场电冰箱需求强劲，海尔不得不将中国生产的冰箱销往美国，以满足需求。2005年，沃尔玛销售的海尔产品线已达44条，主要针对大学生。海尔品牌知名度仍相对较小，但公司已将10%的收益投于其全球品牌建设和市场建设。

美泰克半路杀出

海尔的潜在顾客阵容极度扩张，但美泰克却与此相反，顾客数量大幅跳水。美泰克是海尔在美国市场中的主要对手，1893年成立于爱荷华州的牛顿。美泰克依据自己的名字创办了公司，并以生产农机起家。

1907年，美泰克制造出一款洗衣机——手摇木桶洗衣机，这是其最成功的产品之一。1946年，美泰克拓宽业务范畴，生产冰箱、火炉。美泰克在美国国内有口皆碑，但并未踏上全球经济变化的节拍。美泰克居于惠而浦和通用电气之后名列第三，在47亿美元的年销售额中亏损900万美元，而惠而浦则从132亿美元的年销售额中获利4.06亿美元。

美泰克的销售网络扎根于1万名左右独立的电器经销商，但却因沃尔玛、百思买等巨型折扣零售商的蚕食而逐渐消亡。LG、大宇、三星、海尔等国外生产商压低产品价格，进一步侵蚀了美泰克的利润。外国品牌也在大型家电商品中争夺立足之地。美泰克此时已债台高筑，且一蹶不振、前景堪忧。

2005年4月22日，美泰克没有达到季度盈利目标，股票价格下跌28%。美泰克董事会向瑞德有限公司求援，寻找有意向的买家。董事会很快达成一致协议，将公司以11.3亿美元卖给一家私人投资公司——里普尔伍德控股集团。交易股价约为14美元/股。

与此同时，海尔发现美泰克是理想跳板，可凭此在美国名声大振。海尔最终开出16美元/股的要约，高于美泰克的要价。海尔没有自掏腰包的财力，贝恩资本和黑石集团两大金融伙伴有意助其一臂之力。三者的即兴合奏引起了美国头号家电生产商惠而浦的注意。

美泰克只注重北美市场的销售，但惠而浦却已在几年前走向国际。惠而浦海外销售产品占其总销售产品的比例至少为40%，1/3以上的产品销往巴西、中国、印度、墨西哥等发展中国家。着眼全球，惠而浦不仅将海尔看作美国市场中的竞争者，也将其视为新兴市场中的虎狼。此外，收购美泰克利于惠而浦有效权衡其在美国的低成本制造业，并增强对主要连锁商店的影响力。

惠而浦的报价为每股17美元，溢出里普尔伍德先期报价21%。美泰克需支付里普尔伍德4000万美元违约金，但收益仍十分可观。惠而浦收购美泰克，则有望成为世界电器生产商霸王。

人们对其将独霸美国市场忧心忡忡，但惠而浦却对外表示，亚洲市场群雄角逐、竞争激烈，称霸美国市场将不再危险。

中海油（中国海洋石油公司）着手收购美国优尼科公司（这一案例已在第二章详细讨论），使得海尔在竞购战中充满变数、胜负不定。中海油激起了美国议会保守党强硬派美国民族主义的千层巨浪，海尔和中海油都面临着美国对中国长期目标不断升温的争议。美国的反对声一浪高于一浪，中海油悄然撤销收购优尼科的计划，海尔也停止竞购美泰克。

海尔让路，惠而浦趁机完成交易。但据《市场观察者》报道，惠而浦支付股票、现金共计23亿美元并承担美泰克所有债务。几乎同时，美国舆论一片哗然，惠而浦受骗、美泰克不值卖价的质疑此起彼伏。《纽约时报》称，美泰克最终与惠而浦签订协议前已与30多位有意向的买家交涉。其他买家购买兴趣都不及惠而浦。这更强化了海尔哄抬价格、使惠而浦购价过高的不良形象。

海尔在竞购战中不敌惠而浦，但却实现了其最终目标：使海尔品牌成为美国家电市场的大玩家。张瑞敏未动一分一厘，却完成了目标，局势变得更为有利。

竞购美泰克后不久，海尔在女性时尚杂志上刊登了整版广告，广告由著名设计师设计，主体为一个闪闪发光的新式冰箱。广告为暗色基调，但文字说明却引人注目："世界上最环保的冰箱。"广告信息不难理解。广告中的冰箱远在同行产品之上。冰箱门上的名字为"海尔"，这恰是张瑞敏孜孜不倦的追求。

海尔和惠而浦：东西巨龙争霸天下

2005年，海尔和惠而浦为竞购美泰克而拳脚相加，惠而浦当时的年销售额约130亿美元。2009年，海尔的年销售量近180亿美元。尽管毛收益不比惠而浦，但海尔却在产量方面成为世界最大的冰箱和洗衣机生产商，其产品市场遍布60个国家。据报道，海尔2009年在美销售额增长约9%。海尔在国外拥有29处工厂、8个研发中心，全球雇员达5万人。《中国日报》网站“每日经济电讯”引用了张瑞敏谦逊的一句话：**“国际市场是我们学习在海外做生意的基本规则的最好的教室。”**

在中国，海尔也受益于中国政府“家电下乡补贴”项目。该项目对国内外企业同时开放，海尔牢牢把握了32%的市场份额。2009年，海尔在中国农村的销售额涨幅约为30%。

2010年，海尔斟酌收购通用电气的家电部门。该部门是通用最大的吸金石之一，但海尔最终认为此举不必要而放弃收购。

海尔主要持两大理由：

第一，通用卖价过高，张瑞敏不想重蹈惠而浦天价收购美泰克之覆辙；第二，海尔开始意识到融合中国管理模式与西方公司原班高管的难度。中国公司认识到，比之教授中国的年轻学生西方企业技巧，让西方高管理解中国更为困难。

2011年1月，海尔与霍尼韦尔签署谅解备忘录，但由于霍尼韦尔已先行与利勃海尔有约，因而海尔只能获得对方的技术。霍尼韦尔为海尔研发低排放、高效率的“时尚”家电提供支持。霍尼韦尔对外宣布，其一半以上的节能材料、智能家居技术、工厂控制都将与海尔的全球品牌战略和环保策略相依相伴。

2011年，海尔集团产品约有1/2在国外市场销售，但张瑞敏仍计划将之提升到2/3，这是海尔的企业策略。该计划以美国、日本和东南亚三个增长点为重心。美国是全球第二大家电消费国，仅次于中国。日本名列第三，东南亚需求增长迅速。海尔的策略是在这些地区建立生产、销售网络，并使调研和生产能力翻番。

海尔在日本市场的目标是提高10%的销量，并发行50种新产品。2009年，海尔进军日本市场仅8年，但其已控制日本小型冰箱和洗衣机市场40%的份额。现在，海尔计划征服日本大型家电市场。

中国有众多企业竭尽全力向国际市场扩张，海尔是最为成功的企业之一。在张瑞敏的率领之下，海尔从几近破产一路走来，其中几多艰辛、几多风雨。依靠自己的品牌，海尔在打造国外最知名的中国品牌途中一路高歌、大步跃进，其优等质量和出色表现令人赞叹歆羡。

第十一章

清洁能源领域，中国一马当先

欧洲几个国家，尤其是德国，都极力支持太阳能行业的发展。我们的收益中，有60%来自欧洲消费者，这不足为奇。

——尚德（中国最大的光伏太阳能电池板生产商）
创建者、董事长、CEO施正荣

成长背景

施正荣出生时，并没有前途光明的迹象。1963年，施正荣出生在扬中岛一个小型农业社区。历经三年自然灾害，当时的扬中人民生活在食不果腹之中。施正荣的亲生父母已生育两个孩子，家里的条件只能让这两个孩子勉强填饱肚子，再添一张嘴吃饭都极有可能压垮这个家庭。

没想到的是，施母生了一对双胞胎。施正荣父母一筹莫展，不知该如何养活这两个婴儿。无巧不成书，另一个产妇则生了一个死胎。塞翁失马焉知非福，这一悲剧却提供了一个解决方案。施正荣的亲生父母建议经历了丧子之痛的家庭收养施正荣并把他当作亲生儿子抚养。或许正是这次不假思索的收养救了施正荣的命，也注定挽救了他的未来。

在养父母的悉心照料下，施正荣学习成绩优异。16岁时，他背井离乡，求学东北，于长春光学精密机械学院（今长春理工大学前身）获得了光学仪器专业的学士学位，后来又在上海大学获得了硕士学位。1988年，施正荣被澳大利亚新南威尔士大学录取。

太阳能电池权威马丁·格林接受《时代》杂志采访时回

忆，施正荣到澳大利亚一年后，走进他的办公室，询问能否得到一份全职工作。马丁·格林慧眼识英才，当场拒绝了施正荣的请求，但却为施正荣筹划了一份奖学金，让他专注于研究学习并获得博士学位。这为施正荣获得太阳能电池领域博士学位解除了后顾之忧。六年后，施正荣当上光电学研究所副主任。他的任务是开发新一代太阳能技术。

尚德成立

2001年，已是澳大利亚公民的施正荣衣锦还乡，在无锡市开设了第一家太阳能电池厂。四年内，他将其他中国投资者所持的公司股票全部买回，独掌尚德大权。几个月后，施正荣一手创办的尚德成为中国第一家在纽约证券交易所上市的私营企业。

2006年，施正荣在福布斯世界首富500强中位居第350名。那时，施正荣的资产价值超过20亿美元，福布斯将他列为中国大陆首富。毫无疑问，施正荣出类拔萃，虽然中国有越来越多的人依靠未来能源致富而成为闪耀明星，但施正荣却是其中最耀眼的那个。

能源前景

能源是经济发展的关键，也是推动国家在国际舞台中占据支配地位的经济引擎。如果说20世纪后期是石油的天下，那么现在断定哪种能源将支配21世纪还为时尚早。

美国的经济模式是开采世界近1/4的能源，满足不到6%的世界人口需求，这种选择显然不适合中国。西方国家各种基础设施已建设到位，因此这些国家不愿为用光石油而未雨绸缪，这一点可以理解。然而，中国正在建设供未来使用的基础设施，从工业视角看，这一举措姗姗来迟。

中国已清楚地表明将在可预见的未来以核能和化石燃料为支柱，并开始寻找可替代能源，因而需倚重施正荣一类的人才指引道路。西方国家对可替代能源可行性犹豫不决时，中国人抓住机会，开始掌握未来的能源技术。中国过度依赖火力发电厂，已造成了严重污染。即使只为了避免污染，中国也要这么做。

比之核能发电，风能发电和太阳能发电直到最近似乎才贵不可及。2011年3月，日本地震及海啸引发了核电厂的诸多事故，这表明若核电厂发生故障，代价将十分昂贵。这一事故加上石油价格每桶超过100美元的事实，使风能、太阳能、生物燃料等可替代能源更具魅力。

双动力汽车（可交替使用汽油和电力系统）和双重燃料引擎汽车（可使用乙醇等可替代燃料）的可观销量表明，公众尝试新事物的愿望越来越强烈。中国预计，未来十年左右，可再生能源的使用将占到中国能源总需求的15%。这听起来并没有什么大不了，但对中国这样幅员辽阔的国家而言却意义非凡。

美国总统奥巴马任职初期，曾在短期内承认发展可再生能源技术的重要性。由于金融危机余波未平及要求最大限度缩减政府开支的呼吁持续高涨，美国政府发展可再生能源技术的承诺不禁引人怀疑。欧元区的财政问题也成为欧洲国家积极开发可再生能源的羁绊。

相反，中国的起点却活力十足，拥有快速发展的充足动力。此外，中国具有购买或开发技术的资金。2010年7月，奥巴马政府宣布投资20亿美元刺激太阳能行业发展，这看似为一大动作。但彭博社新能源财经报道，2010年下半年，中国国家开发银行已批准190亿美元信贷融资用于太阳能所有领域。与之相比，美国的投资微乎其微。

中国致力太阳能发展

如今，中国供应商之间的竞争有些无序和混乱，但中国却有对症之药。中国政府鼓励中国企业争夺外国市场份额而不是窝里斗，因此中国并未出现太阳能电池生产狂潮。尚德公司CEO施正荣指出，尚德2/3的产品销往欧洲市场。中国清洁能源行业的成功，在一定程度上依赖政府支持，但在解析欧洲经验之前，中国一定程度上却在抑制太阳能部署。中国在清洁能源行业避免投机行为，这种投机被视为欧洲太阳能部署的余毒。

2010年，中国太阳能电池板销售容量为18.5千兆瓦，其中中国自主购买率不足3%。这是中国将太阳能装置扩展60多倍、产出20千兆瓦电能宏伟目标的最后一笔。那时，太阳能电池板制造工艺已然成熟，中国企业大举抢占市场份额之战及同行间的激烈竞争必将压低其价格。此外，那时许多中国企业必会通过价格战使西方同行兵败而逃。而且其最大的高质太阳能电池板生产商将有可能引领世界标准。而这对已大名鼎鼎的施正荣而言，仅仅是个开端。

中国致力风力发电

目前，中国最先进的清洁能源技术部署不在水力发电领域，而在风力涡轮机。在这一领域，中国又一次独领风骚。

早在2005年，中国在清洁能源领域仅是沧海一粟，但到了2011年，中国已独占市场鳌头。世界前15甲风力发电企业中，中国至少占据7席。金融分析指出，全球风力市场2009年价值约90亿美元，2016年则有望实现520亿美元。

2007年，中国只有20家企业从事风力发电。2010年，则达到80家，且价格竞争极为激烈。全球风能协会报道，中国80家风力发电厂总装机容量为42.34千兆瓦。美国的装机容量为40.2千兆瓦，居于中国之后。

中国风能产量最大的区域为内蒙古和东南沿海地区。内蒙古地区装机容量超过5000千兆瓦。中国气象学家预测，2020年，中国的风能发电量将达到150千兆瓦。瑞士信贷的一份报告显示，中国电力协会曾在2010年12月的报告中指出，除水力发电外，风能已占到中国可再生能源装机容量的99%。

据世界风能协会的数据可知，美国2010年风能只增加了1.5千兆瓦，而中国风能容量每年增长13~14千兆瓦并努力实现16千兆瓦的年增长速度。2010年，美国几乎占据风能市场半壁江山，而亚洲只占1/4市场，分析人士预测，中国几年内将攻下全球风能市场半个山头。2010年，世界风能产量仅为194.4千兆瓦，但2015年有望超过450千兆瓦。

以前，中国主要从欧洲、美国购买装配组件，在国内组装生产风力涡轮机和变速箱，但一切已成为历史。美国的风能发展因金融危机而放缓脚步，欧洲市场则渐趋饱和。中国对本土制造业投资，但欧洲及美国的加工制造业则鲜有机会得到这种投资。再者，西方企业将在与中国企业的价格战中遭遇寒冬。

欧洲市场的饱和是其何处投放涡轮机的部分问题所在，更主要的问题是，实现大陆范围内输电（而非国家范围内输电）的欧洲电网需重新配置。大多数欧洲国家配备的电网只能满足自己国内的需求。据估计，欧洲北海风场及南部太阳能装置中可产生100千兆瓦能量，欧洲电网只能有效利用约20千兆瓦。在多数欧洲人质疑欧元的发展及就业前景情况下，投资重装欧洲大陆电网等大项目希望渺茫。

欧洲风能市场暂时饱和，风能的未来生产有望转移到价格更低、需求甚大的中国市场。尽管风能发展迅速，但中国2010年962千兆瓦的总装机容量中，风能装机容量约仅占3%，而德国、西班牙、美国的比例分别为19%、19%、4%。中国显然仍有增长空间。随着风能及太阳能的不断发展，中国极有可能在可预见的未来决定世界清洁能源领域的标准和价格。

第十二章

条条大路通创新

学生应强化理论知识，这是他们未来工作的基础。

——上海振华港口机械前CEO管彤贤

直到最近，美国才成为发展资本主义和世界自由市场经济的领跑者。现在，中国企业正积极利用美国支持的哲学并从中受益。西方人信任自由贸易，但当其他国家突然之间与西方国家旗鼓相当时，他们开始发现自由贸易的弊端。

尽管遭遇经济危机，美国仍是世界第一大经济体，欧洲也依旧是不容忽视的区域引擎。然而，美国和欧洲还能维持这种地位多久，很大程度上取决于如何应对这样一个事实：相比西方，中国制造的产品不仅价格更低，质量也同等或更优。

与其说中国和印度是新兴经济体，不如说它们是再生经济体。19世纪前半叶，中国和印度的经济总量曾经发展到占世界一半以上财富，而欧洲占比却不足40%，同时，美国对世界经济发展的贡献也才刚刚开始。中国和印度未能适应现代技术的深刻变化及全球经济发展的趋势，因而在西方殖民主义浪潮中惨遭淹没，最终淘汰出局。这一历史事实，中国人没齿难忘。

中国东山再起，再一次改写世界经济版图与规则。经济环境瞬息万变，要想保持首位，必须持有智慧、速度、灵活的武器，其中最具杀伤力的当属创新。

融入新经济版图

已有的大型企业仍因循其发展惯性和管理方式，但世界经济环境的不确定性与日俱增，且与之愿违，这些企业在认清并适应新市场环境中已有些力不从心。如果说中国有一个显著优势，那么就是中国能够从全新视角融入新的经济版图。西方分得的利益馅饼日益减小，但中国却不然，中国视未来为发展良机。

西方的巨型跨国公司从宏观视角看待世界，但中国人仍用微观视角看待企业。在实践中，中国人的焦点仍集中在个体消费者的需求之上，但许多西方高管却关注降低成本并消除羁绊企业获得最大利润的障碍。在回应消费者方面，西方企业越来越支持使用自动应答机或将服务外包给印度和菲律宾的呼叫中心。CEO们对消费者的心烦意乱了然于胸，但他们却满不在乎，盈亏才是他们的最大关注点。

许多西方公司员工的境况与此相同，他们的需求、观点、自尊常常遭到忽视。若问裁减数千名员工的社会影响，许多CEO会回应这不关他们的事。他们还说，自己只对股东负责。仍在公司兢兢业业工作的员工得到的认同在逐渐减少，CEO们对这一点也甚少关注。

为挖掘最优人才，西方公司开出的工资不断上涨，这些公司也担心曾与个人认同感息息相关的企业认同及员工对产品和公司的归属感消失殆尽。企业周而复始地缩减规模并欣然将工厂迁至劳动力廉价的第三世界国家，却在无形当中腐蚀着一直为企业效力的员工，结果通常引发普遍性的沮丧与不满。

仍看重薪水的雇员则有可能攀高枝跳槽，也有可能因工资低于同等职位的同行而沮丧。因害怕失业而坚守工作的员工则憎恨工作、憎恶自我。员工对企业的个人认同感曾推动员工不辞辛劳、心甘情愿地生产优质产品，但上述两种情况下，这种情感却因外包而遭受腐蚀，员工与出厂产品或公司之间的情感距离随之增大。

相反，熟稔贫穷之痛的中国人，对工作机会普遍心存感激。

中国人积极进取，这一点至关重要。如果中国新一代企业的首席执行官意欲在新市场中攻城略地，但其出售的机器不能使用，他一定会另费心血查明原因。而面对同样的投诉，跨国公司则可能花费数月规避责任。在某种程度上，中国经济发展的优势归根到底是人力。中国员工薪水相对较低，大部分企业可完全承受，即使受教育程度低的员工，工作效果也优于机器或自动应答机。

在这种新环境下，中国人自知自己为后起之秀，仍需在很多方面奋起直追。这也是中国将大量资源投于教育、大力资助工业发展的原因所在。甘于利用中国廉价劳动力的西方公司在投资方面获利甚丰。这些资金是自由市场中的资金，因而，外资企业此举十分正确。中国拼命追赶时，西方却在减少教育开支、削减研发基金、挖空社会安全网络，而这些又是其与东方国家抗衡的利器。这一点极具讽刺意味。

创新：稳坐龙椅的关键

本质上，创新是稳坐龙椅的关键，其中包括解析新问题的新产品思路创新，也包括企业运行方式的创新。最近几年，不同的公司或产品都取得了成功抑或保住了成功，但其成功的原因却各有千秋。

正如第十章所讨论，惠而浦的生存源于其不断地强大自己以应对全球化程度不断加深的世界经济，也源于其不断重视沃尔玛、科思科等折扣店越来越显著的影响力。美泰克未能感知蛰伏待发的变革，最终在市场之战中折戟沉沙、无奈撤军。

中国每年可制造10亿多只手表，但许多中国人却热衷购买瑞士手表。瑞士手表实为全球市值老大。尽管中国电脑价格便宜，但苹果在中国吮吸的利润却多于国内电脑生产商。简言之，产品要想在市场中有立足之地，必须要有其独到之处，要么独具匠心，要么比同行生产速度快、产品质量高、产品价格低。而实现上述目标的关键是创新。从某种意义上说，创新可归纳为电视剧《星际迷航》的结尾台词：**“勇踏前人未至之境。”**

虽然自古英雄出少年，但创新却不在于高管年龄，而在于充分理解不同挑战的智能，也在于为自己无畏的新世界提出智能方案。对于勇于创新的人而言，理解周边世界中层出不穷的新挑战，提出智慧解决方案的能力，承担风险的勇气及化不可能为可能的努力最为重要。管彤贤则是一个恰当的例证。

管彤贤与振华港口机械公司

管彤贤前半辈子一直是公务员，59岁的他已做好了退休准备。然而他没有就此归隐南山，而是断然决定建立属于自己的企业，为上海港口生产设备。中国面临着生产加工的滔天热浪，经济的极大扩张推动了海上交通的发展，起重机一时间成为急需之物。

管彤贤一辈子与起重机打交道，他清楚而深刻地认识到，中国制造的起重机命比纸薄，因而许多港口不得不从欧洲进口。管彤贤建立的公司名叫振华港口机械公司（ZPMC），1991年，公司还未完全组建竣工之时，管彤贤凭借超凡的个人魅力及说服力，成功说服加拿大温哥华港口同意先期购买其产品。1992年年初，振华港口机械才正式成立。

起重机中用于运送集装箱的部件体积太大，无法通过陆路运输。振华港口机械在离上海1小时行程远、位于长江入河口的长兴岛拥有大量海滨地产，因而对此处加以利用，在沿海2英里处建立了大规模施工区，并将绵延1英里的码头建成公司终端。

管彤贤对产品质量和品牌建设同样注重，因而其产品迅速进入中国市场。它的销售目标为中国港口和海外港口，但他很快意识到，要想维持公司发展，必须更加注重国际扩张。他瞄准了曾运输中国商品的大洋航线终端港口。

然而，管彤贤却不能两全其美。完全组建的起重机体积庞大，海运船只无法运输，但公司的45000名中国劳动力成本低廉，因而其产品比外国同行更加实惠。如果在外国港口培训欧洲或美国劳动力组装起重机耗时长、成本高，而将中国劳动力派往欧洲或美国也会抵消成本优势。

起重机组装完成之前，他还要为不同部件的库存支付高昂费用。组装起重机出口国外的计划对所有人而言都如同噩梦，但管彤贤却不如此认为。他宣布将在中国组装起重机，并运往目的港。管彤贤的对手认为这简直是天方夜谭。因为在这方面，从未有过成功的先例。有人分析，起重机过高过重，能压翻运输船只。

正如管彤贤行将证明的那样，中国目前的经济环境鼓励人们干大事。管彤贤改装了运输起重机的轮船，并依据计划成功地实现了起重机的运输、安装。中国的大多数港口已配备了振华产品后，振华开始履行与温哥华的合约，为佛罗里达迈阿密港口、比利时安特卫普港口、德国汉堡港口安装起重机。振华出现之前，德国一直主宰着世界高质量起重机市场，因而振华在德国市场的交易意义重大而深远。

最终，振华起重机在质量方面赶上甚至超越了德国起重机，而且价格大幅降低。2010年，76岁的管彤贤退位让贤，振华港口机械已更名为振华重工集团，并占据世界大型港口起重机市场六成多的份额。

振华并不满足于复制西方起重机，在研发中也取得了长足进步。例如，公司已生产出4000吨升举能力、可远洋航运的起重机，这个庞然大物的工作效果一经验证，不知疲倦的管彤贤便宣布制造7000吨升举能力的更大型起重机。多数水运型起重机顶部过重，起航不远便有翻船风险，但振华设计的起重机却可以旋转，使转臂与轮船甲板成一条直线，因而更适于海运。另一家公司则率先设计出可同时升举两个40英尺货物集装箱的码头起重机。

1995年，振华建立了自己的船运公司，共有24艘巨轮向全球各大港口运送起重机。10年后，其起重机销售网络已遍布至少73个国家。振华巨轮一次性运输6个起重机的画面可在YouTube视频中找到。

组装起重机之时，振华便开始在钢梁及其他主要建设项目所需的结构材料中不断扩张。1989年，旧金山奥克兰海湾大桥在地震中损毁，振华中标合同修复关键桥段，这几乎是振华有史以来得到的最大项目。振华在重建桥段中使用45万吨钢材。据《纽约时报》报道，加利福尼亚州政府拒绝了联邦基金，原因是联邦政府要求使用价格极高的美国钢材。加利福尼亚州政府对振华的工作质量甚为满意，此外，他们预计与振华之间的合作让他们节省了4亿美元开支。

价格意识在管彤贤的成功之路中起了重要作用，但背后的真正原因是管彤贤敢想大事，愿意尝试不可能的事，并有敢于实践的勇气。在他退休之前，振华与上海海事大学签署协议，双方将在人才培养、科技合作与信息资源共享等方面进行全方位合作。此外，振华同意为进修研究生课程的优秀员工支付一年全额工资。“学生需要强化理论知识，”管彤贤签署协议时表示，“这是未来工作的基础。”

创新与研发

并不是所有的中国企业都如振华那样注重创新。正如第四章所述，中国的龙头电视生产企业TCL在错失利润丰厚产品后扭亏为盈，其依靠的是有效管理而非研发创新。只要现有技术岿然不动，TCL便能坐享其成。

由于缺乏研发，平面电视在市场中异军突起时，TCL目瞪口呆。TCL勇敢地购买三星的平面屏幕，但此举太过迟缓，三星已保留其最新平面屏幕技术用于自己的生产线。相反，华为（已在第三章讨论）大量投资研发，因而一直站在同行前列。市场变化对华为而言不足为奇，因为研发在一定程度上为其市场定位提供了动力。

一些国家，尤其是美国，拒中国企业敏感通讯系统于门外之后，华为拓展市场的压力陡然增大。这不仅在于华为的产品更廉价、更灵活，也在于其大量投资研发，能生产出远比竞争者更有价值的技术。

在以研发零投入和研发大笔投入为两端的道路中，许多中国公司纷纷落马。美国的许多公司理解创新的重要性，但是缺乏资金，不能为美国大型公司的大规模研发设备提供资金，或设备精度不达标。

中国的劳动力成本和专业技术成本都低于西方，所以，中国的对策是生产精简又不断改进的研发元件，而且现场通常要有技术人员协助。

例如，第九章中讨论过的大族激光，为每台激光打标机配上一名技术人员，该技术人员负责每天向上级做报告并解决遇到的问题。凭此策略，大族激光可以免除大量价格不菲的工厂检测，并能逐渐改善产品性能，最终满足消费者的真正需求。大族激光的机器犹如裁缝手中的衣服，逐渐量身改进，最终得以满足每种特殊需求。比之只能满足消费者部分需求的“以一适百”的通用设计，大族激光“量体裁衣”之策效果更佳。

大族激光不断调整其机器的同时，其基本设计也随之改进。1996年至1999年间，大族激光对原始机器改进了3000多次。公司向顾客运输货物速度极快，资金流问题得到了极大改观，服务也及时到位。顾客的满意和忠诚表明，技术工人临阵指导增加了品牌忠诚度，公司也切实关注每一个客户的实际需求。

其他创新之路

并非所有的创新都针对产品。有时，开足马力发展企业模式也能带来巨大变化。20世纪90年代初，中国国际海运集装箱集团（CIMC，中集集团）每年从德国进口容纳1万个集装箱的生产线。

其后五年，中集集团开始生产自己的集装箱，且其技术人员开始借用汽车行业的技术。截至1996年，中集集团集装箱产量增长20倍，成为全球船运集装箱的第一大生产门户。事实上，1996年，全球在用的新集装箱中1/5产自中集集团。

1997年，中集集团建立了自己的研发中心，但公司的进步远不止这些。其首次创新之一是用一种特殊钢材替代高价铝材制造冷藏集装箱，生产成本因此大幅降低。德国已授权中集集团钢材加工技术，两者的合作开发显著提高了集装箱的成本效益。中集集团已从复制西方产品中脱颖而出，已是与西方公司共进退的平等伙伴。

太阳能电池板是创新带来甜头的另一领域。中国一家重量级太阳能电池板生产商没有为太阳能生产厂组建成套项目支付高昂费用，而是仔细确认外国供应商哪种关键元件和生产线可产生更高的成本效益。随后，该厂用当地产品或其公司内部设备简化次要产品。因此，公司削减的资本支出高达60%。这种混合型策略旨在利用有限的投资资源，实现效益最大化，其在中国的私营企业中也越来越普遍。

创新的第三条途径是迅速应对市场出现的问题，迅速调整产品以适应新的地方需求。从某种意义上讲，这是中国古语“变则通”在企业中的应用。海尔应对那位用洗衣机清洗地瓜、花生而导致泥巴堵塞洗衣机的农村顾客的方式便是一个典型的例证。西方的技术代表或许会斥责这位农民并告诫他洗衣机中不能有泥，但海尔却看到了新卖点。海尔迅速调整产品，并将其特色功能广而告之。选择海尔品牌还是其他竞争品牌，在多数农村顾客心中早有定夺。

意识到中国的年轻一代喜欢在吵闹环境中将电话用作可携带电视和音乐播放器后，中国的手机公司迅速将手机装上6~8个扬声器，以应对新市场。许多中国的年轻人发现，外国手机与他们的当代文化共性太少，增加扬声器使中国企业迅速抢占曾由外国手机主导的市场。

然而，中国企业家实际上十分注重速度和产品的快速创新。北京2008年奥运会前一年，中国的手机公司天语推出100多款新机型，其中一款十分时尚，融入“鸟巢”和“水立方”两大奥运元素。

最终分析得出，中国企业创新的原因是求生存而必须为之。为站在中国快速、激烈竞争市场之前沿，它们不得不微利发展并采取极为被动的策略。中国的大部分市场仍然无序。企业没有意识到保护已有品牌，所以免费利用消费者做产品检测。若产品无效，则企业仅仅会以不同品牌销售不同产品。一些产品成为真金，另一些则惨遭淘汰。最终，最好的产品经大浪淘出，不断生产且更为持久。这种方法虽看似偶然，实际却十分划算。从某种意义上看，优胜劣汰、适者生存是低成本产品的宿命。

然而，由此产生的负面影响是，中国企业全球扩张以寻求新市场面临的压力与日俱增，在价值链上向上延伸也是如此。为了建立公认品牌，这些企业必须考虑这些问题。若想获得造就苹果、谷歌、波音等世界领导企业的那种创新，这些企业必须实施更深层次的研发。这已拉开了序幕。中国现在对教育极为重视。

如同其他国家的人一样，中国人终将发现需改变企业经营模式以应对不断变化的全球环境。更高水平的研发必定不可避免地使中国人产生保护知识产权的意识，而且越来越多的中国人已经开始保护知识产权。中国正在专利使用方面赶超美国，大肆剽窃的日子正逐渐成为历史。

网络案例

中国在网络领域已超越了美国，至少市场规模如此，这让人深感意外。2010年，美国约有2.4亿网络用户；而中国则超过了4.2亿，且在半年内增长至4.57亿人。由于中国人口基数大，中国的网络用户渗透率约为美国的一半——中国和美国渗透率分别为34.3%和77.3%，但中国的扩张潜力却高于美国，这为中国公司的程序设计员提供了创新的动力，中国也将在西方已发展的技术中取得跨越式进步。

相比美国的一流网络公司，中国两大巨鳄——腾讯和百度的市场资金则为小巫见大巫。腾讯的市场资金为397亿美元，谷歌为1908亿美元；百度与亚马逊实力分别为257亿美元和812亿美元。但中国的利润率却高美国很多。百度的利润率为47.5%，而谷歌仅为为29.21%；腾讯坐拥40.99%的净利润率，但eBay（易趣）只享19.69%为净利润率。

2003年，eBay攻破中国市场，买下中国拍卖网站EachNet，并100%控股。那时，eBay吞并了中国网络零售市场79%的份额。2005年，易趣份额跌至29%。2009年，谷歌的中国市场份额创43%的巅峰，百度稳占56%；2010年，谷歌关停其在中国大陆的业务，通过香港开辟搜索工具渠道。

无独有偶，中国企业也遭遇了网络盗版问题，但这些企业已运用创新化险为夷。

说服中国用户网上支付

许多中国人怀疑信用卡网络使用的安全性，中国企业因此借助地方销售机构向网络用户分发预付卡，消费者可凭此卡在网上消费。青少年也可购买预付卡玩在线游戏。手机公司也建立了在线账单支付系统，用户可在月末轻易获得本月账单明细。而支付宝为一种第三方支付工具，为其5.5亿注册用户提供大量程序，其网络日交易量约为850万笔。这些战术使外国公司更难在中国网络市场中立足。

为克服用户不愿为其网络付费的情绪，2003年腾讯发行QQ秀，消费者可通过在线Avatar参与这一免费虚拟游戏。每个Avatar可获得100套基本服装。要想获得更多款式的服装，游戏玩家每月可支付1.5美元，加入“红钻俱乐部”。俱乐部成员可拥有5万件外套、发型及配件。迄今已有几百万人享用该服务。

中国公司盛大互动娱乐开发了一款多人网络游戏“传奇”，虚拟商品市场在“传奇”中得到进一步发展。在“传奇”游戏中，玩家可通过游戏得分置换虚拟武器和设备，也可以在网上直接购买。以《功夫》电影为背景设计的宝剑有40多种，玩家都有机会获得。消费者无需支付，但他们最后通常有支付欲望。

中国至少42.6%的网络用户，利用网络阅读文学作品。其中绝大多数人在上下班途中利用智能手机阅读。盛大文学是盛大互动娱乐的一部分，也是中国一家在线发行商。用户可从盛大文学下载原版小说，费用为每10万字30~50美分。喜欢写作的人可以往盛大文学网站投稿。若作品读者众多，盛大则会买下版权并将作品刊登在VIP网站上。

该网站中每部小说仅有几章可免费阅读；阅读整部小说则要付费。公司与作者平分利润。盛大及类似网站的成功催生了中国出版业的复苏。正如出版商提姆·奥莱理所言："作者的敌人不是盗版，而是猎取心。"

哈里通电池的故事

毫无疑问，公司管理者的最终目标是在高端价值链中竞争。现在，iPad的许多元件产自中国，但其核心设计理念仍诞生于美国。只有当成品及初始设计理念都产自中国时，中国人才觉得上述目标得以实现。

如同电池制造厂哈里通的风雨之路所示，实现目标的那一天终会到来。手机已成为中国无处不在的单一技术元素。2003年，中国一名企业家朱晓敏发现，决定中国手机工作与否的关键不是集成电路板，而是电池。那时，世界上90%的手机电池产于日本。朱晓敏决定破门而入，于是建立了哈里通电池厂。

手机电池技术并不复杂，且进入市场的成本也相对低廉。哈里通的首批人马大约只有100名员工，其中只有6人曾受过技术培训。然而，朱晓敏却热衷生产高质量电池。中国市场中的质量管控极为混乱，所以朱晓敏将眼光投向意大利和挪威。他的目标是生产诺基亚及其他手机的备用电池。备用电池只是原装电池突然没电后的备用之选，因而很多人更愿意购买廉价的备用电池。

不到一年，哈里通电池销售额便达到了150万美元，但公司却仅能勉强运转。朱晓敏意识到自己面临的问题是缺乏公认品牌，且电池没有特色。虽然锂电池数码相机的兴起促进了公司的发展，但朱晓敏深谙发展最需要的是品牌识别。他在高昂的分销网络及广告中投资，但公司仍不能进一步发展。一位潜在客户曾抛出橄榄枝，拿到这一大笔订单的前提是使用该客户的品牌生产产品，朱晓敏果断拒绝了。他认为，若他建立的新厂只为处理订单，公司则会受到钳制而接下一笔订单，因而他不能坐视公司瘫痪而不管。

苹果公司iPod、iPhone、iPad产品的推出使哈里通电池迎来了拓展市场的突破口。朱晓敏一直恪守高生产标准，这吸引了苹果的注意。朱晓敏与苹果洽谈为其生产元件时，苹果欣然接受。苹果还未点头时，朱晓敏甚至已投资30万元人民币用于研发以满足苹果需求，并聘用平面设计师和企业设计师。每种新产品都凝聚着哈里通电池50~100万的研发投入。

那时，在哈里通500名员工中，有90人从事研发工作。公司已注册了67项专利。其突破性发明为Mili（米力）品牌微型投影仪，这种投影仪不仅能用作外接设备，保护iPhone，也能作为光学投影仪使iPhone在墙上投放电影或销售演讲。该产品的标语为**“随时随地展示你的生活”**。

朱晓敏别具眼光地发现，尽管电池技术很重要，但具有优势的设计同样也很重要。哈里通一直沿用苹果公司史蒂夫·乔布斯的哲学。

哈里通电池的成功带给我们更深刻的教训：创新与品牌发展一样，对于意欲从竞争中脱颖而出、标新立异的企业而言，可谓举足轻重；产品易于复制时，情况更是如此。正如哈里通所验证，建立品牌不仅成本高，还需公司CEO矢志不渝的决心和坚持。质量是哈里通打动苹果的一个必要元素，但使哈里通超越对手、赢得苹果芳心的真正原因是哈里通延伸电池性能的独特设计和创新思想。做到这些并不容易，但也需公司CEO的先见之明和独到视角。

付出巨大努力后，哈里通电池终于成为美国顶尖消费者技术公司尊敬的伙伴。在某种意义上，哈里通已“登堂入室”，技术成熟。

并非所有的中国公司都能取得这种成就，但中国尤其是中国企业，短期内可实现巨大飞跃这一点并不少见。一路走来，他们收获颇多。

一些西方公司因依赖程度高的市场和消费者而沾沾自喜，但中国企业虽获利微薄，却如饥似渴，并准备好填补空缺，且一直热情高涨、充满创造性想象力。依据资本主义规则——至少西方如此宣讲——这是应走之路。

中国在一定程度上代表了当今的复兴动力，竞争是游戏的关键，在技术占比越来越大的世界，则需投资人力、知识。若不想被甩在路边，我们必须竭尽全力，采取更优行动，提出更佳思想。

第十三章

中国及世界他国所受启示

合众为一。

——美国国徽及美元硬币上的箴言

通用及沃特：与中国联姻?

美国汽车大亨通用的高管们正进退两难。躲过了金融危机风暴并得到了美国政府的紧急救助，通用似乎正全力恢复。通用已在开发清洁能源汽车中落后一步，但现在雪佛兰沃特是市场热点。这款插电式混合动力车外观漂亮，发动机可用电或少量汽油驱动，时速将近350英里。丰田研发的混合动力车普瑞斯已成先驱，通用则志在借沃特之势收复丰田抢占的地盘。

超过4万美元的高价是沃特的主要劣势之一，即使买主可获得7000美元的联邦税补贴。况且美国经济正在遭受前所未有的动荡。这种情况下，许多消费者在购买这种新技术汽车时犹豫不决。通用原计划在美国市场实现1万辆的销售量。2010年热情高涨的中国市场购买了1700万辆汽车，因而中国有可能成为实际的目标市场，这是汽车界颠扑不破的事实。

中国政府急于摆脱石油进口，为新型电动汽车买主提供高达上万美元的补助。若购买沃特产品，消费者只需支付剩余的价钱，因而中国市场对沃特更具吸引力。

然而，中国要求沃特开出一定的交换条件才能享受补贴，这一下子卡住了通用的咽喉。中国要求通用与中国公司建立合资企业，并将沃特三大主要技术之一传授给合资企业。若通用不提供技术，补贴和交易只能是纸上谈兵。

通用面临激烈角逐。通用高管们烦躁不安，这可以理解，但他们同时忧虑，福特及其他进入市场的汽车公司可能引发更加激烈的竞争。生产高档奔驰汽车的戴姆勒公司已在中国建立了合资企业——北京奔驰汽车有限公司，这是一座年产量可达10万辆的企业。此外，瑞士众多高端奢侈汽车公司及沃尔沃都极力向中国投资者示好，希望借此摆脱破产厄运。

2011年，丰田宣布即将在中国生产新插电式混合动力车部件。丰田设计此车欲与沃特一决高下，这也是其最后一根稻草。

艰难定价、艰难抉择。通用对中国政府的巨大需求难以释怀，并试图反对意欲获得沃特所承诺的有利条件，可实际上，对于是否采取此策的议论声也是此起彼伏。中国市场巨大，沃特几乎瞬间可实现巨大销量。中国订单短期的锐增不仅能使沃特一举成功，也能扩大通用经济规模、拉低美国和西欧市场的汽车销售价格。此外，通用计划在密歇根州生产沃特，这将极大地改善当地的就业情况。

若通用拒绝中国美意，中国仍会通过其他渠道获得自己想要的技术。中国的生产、制造技术高超，极有可能轻而易举地逆向生产沃特汽车并探得其中奥秘且无需通用相助。

若通用与中国共生共荣并在中国市场成功销售沃特，沃特则有成为大赢家的良机。否则，沃特这一极有竞争前景的汽车将有失利风险，并在一年左右时间内彻底丧失战斗力，其突破性技术也将成为明日黄花。

对通用而言，最有利可图的一点是抓住中国现在的市场机会，以对手无法企及的速度投资创新。若通用产品价值更高、设计更优，那么通用将拥有位居首位的绝佳机会。即使他人复制其技术，通用的领先地位也丝毫不受威胁。（瑞士手表行业便是佐证。尽管中国的地方手表企业纷纷涌入市场，且手表价低、精准，但昂贵的瑞士手表在中国仍很畅销。）

中国对通用的强硬战略也表明全球化带来了经济现实的巨大转变。新兴经济体的财富和影响力不断增加，精明的商人自然会顺势调整其资产以获得最大优势。对中国人而言，进入中国市场则可享有市场特权，这种权利不仅不能轻易放弃，也可同时引进技术等。

中国人心中清楚，历史上，中国曾多次被迫接受有利于西方的局面。发达国家与发展中国家的现有关系已发生了改变。“发展中”这一术语是“不发达”或“欠发达”的委婉说法，中国曾与世界上最贫穷的国家同归一个阵营，但事实上，中国已取得了极大发展。

实际上，中国一些内陆省份虽然仍很贫困且需大量援助，但中国沿海一些发达工业城市则呈欧洲或美国许多城市之面貌（一些情况下，中国城市甚至更优）。过去，中国看似贫穷落后；但现在，中国则派遣成千上万名学生到世界一流学府和商学院深造。在策略方面，中国人则越来越老练，具有令人肃然起敬又神秘莫测的商业天赋。

火车已离站

本书写作之时，书中所列中国企业只有寥寥几个未大获成功。华为技术公司为全球第二大通信设备生产商。世界许多一流的通讯公司都使用华为产品，华为也曾受美国电话电报公司和斯普林特的热烈追求。若不是美国国防部和国家安全部从中作梗，华为或许已开始设计美国下一代通讯设备。

本书所讨论的另一家公司海尔现在已是世界家电生产的龙头企业，也是少有的除联想外已建立自己品牌的企业。虽历经风雨起伏，但联想仍是世界多数地区，尤其是发展中国家公认的高品质笔记本电脑品牌之一。同时，中海油竞购优尼科失手以后，已成为全球能源市场的灌篮高手。书中所述的多数其他企业都极具潜力，但能否经受时间考验仍有待观察。

迄今为止，并非所有的中国企业都已获成功，但中国企业显然整体上已经超常发挥。正如西方一位总裁所言：**“火车已离站，我们仍有时间上车，但时间已不多。”**

尽管世界各地流传中国将独掌世界经济的耸人传言，但中国人深谙前路漫漫。“接下来的10年中，我们仍可能被复制，”中国一位总裁在近期一次研讨会上开诚布公地说，“新一代人打破母体、独立思考需50年。”

中国经济将影响美国经济的说法言过其实。旧金山联邦储备银行近期的一份研究指出，美国公司每从中国进口1美元货物，便可捞取55美分利润，中国只能获利45美分；而从他国进口1美元货物，美国公司平均利润为36美分。美国与中国的贸易所得远超过美国与任何其他国家的贸易收入。旧金山的研究也指出，美国出口占消费支出为13.9%，中国则仅为1.9%。

中国的廉价劳动力缓和了西方国家的通货膨胀，中国不断壮大的新兴中产阶级购买力日益强劲，也为西方经济各个领域注入新的活力。中国中产阶级游客蜂拥至西方主要城市，急切地购买奢侈品，这些游客对西方品牌的狂热追求又为一些渐行渐远的企业提供了新动力。

2010年，中国游客在法国（主要是巴黎）的消费高达8.9亿美元，是2009年的2倍。中国游客在纽约及主要欧洲城市购买房地产的热浪也推动了当地的房地产市场的复苏。

中国几乎所有领域的基础设施都有建造与更新需求，使得西方许多企业收到源源不断的资源和技术订单，其领域从水泥、钢材到通讯、数据管理、交通管理。

中国所得教训

尽管中国的经济发展速度令人惊讶，但中国企业仍在许多情况下危机重重。一夜成名可滋生一定程度的自大情绪，这种情绪会降低产品质量，而质量又是许多创业者成功的关键。

中国许多本土的百万富翁都是自学成才。他们善于投机，信赖直觉，敢于承担巨大风险。若企业一无所有，这种风险则易于承担；若企业已具规模并向国际扩张，这种风险则贻害无穷。比起在熟悉市场游刃有余，驾驭跨国公司的难度有过之而无不及。要想在全球经济中取胜，中国企业需要自建体系，以保证生产、分配等各个领域的有效管理，同时也需灵活有度以保持创造性和创新性。

为在全球市场中有效竞争，这些公司需开发可在不同文化、不同地区高效工作的人力资源。要想充分、准确地理解国际市场，则需聘请不同民族的高管，并将他们组成团队。迄今，中国企业在获得上述协同效益中仍存在巨大困难。许多中国高管发现，自己在异域文化环境中拳脚难施。不同于多数一流跨国公司，中国企业目前很少雇用外籍高管担任公司的高级管理职务。

速度是在中国有效竞争的关键，中国管理者在这方面的表现可圈可点，但中国企业发展速度加快也意味着思考和反应时间的减少。这对中国企业高管个人和企业本身而言，都是一种重大隐患。**没有时间思考，我们便无法知晓成功源于领导力还是商业嗅觉，抑或运气使然还是市场良机**。这种区别对个人的经验所得及企业策略的有效性具有重大影响。许多管理者坚信自己的策略所向披靡，但他们的成功却仅来自利好市场因素的组合。一旦这些因素始料未及地改变，他们的公司将蒙受巨大损失。竞争对手认为中国企业的飞速发展基于中国对中国企业利益的保护，因此，骄傲自大在中国尤为危险。克服自大的方法是自我反思、自我内省，两者都需要花时间思考并客观分析影响公司发展的因素。制订未来的长期计划需要自我反思、自我内省，这还需要时间。

西方需吸取的教训

中国迟早会成为世界霸主，这一事实无需太多想象力便可预见。而问题所在恰恰是西方能否保住目前地位。从企业视角而言，西方企业的所有CEO显然要重新调整他们看待亚洲的视角。

许多跨国公司正在践行这一点，其中的最优企业已建立了专门面向中国的相关部门。

大多数跨国公司将其他西方跨国公司视为主要竞争对手，这是他们早期犯的错误。在发展过程中，他们低估了中国发展速度之快。对西方企业而言，中国只是倾销其产品的市场，而不会考虑改进产品以引领西方市场。

惠而浦与广东科龙的合资企业仍在中国销售使用臭氧层破坏材料氟利昂为制冷剂的冰箱，认为中国人觉察不到差异。这一失误使合资企业遭受重创并损失上百万美元。数码相机在西方盛行成风时，柯达却自认为仍可继续在中国销售胶卷。柯达对市场的判断出现严重错误，因而也是损失惨重。

让中国人理解西方文化确实存在困难，西方企业理解中国文化也绝非易事。由于中西文化价值和文化期待不同，西方的销售活动在中国通常“水土不服”，无论是农村地区的洗衣机销售还是寿险销售，情况无不如此。虽然不及西方产品高端，但中国地方企业生产的产品仍畅销于中国市场，或许部分原因是中国企业员工讲汉语、能更好地理解中国文化。中国企业花时间在农村提高可信度，而后转战主要城市。

多数西方跨国公司却与之背道，而从大城市转至农村者几乎没有。这些跨国公司需重新思考其观点价值和发展策略。中国的消费需求、市场环境与其他国家有天壤之别。以欧洲和美国市场经验为基石，盲目制定销售和分配策略在中国并不奏效。通过地方消费者很难看清世界形势，但那却是在地方市场竞争的法宝。

换言之，西方企业在中国市场无力竞争且不能占据有利地位没有原因可言。跨国公司的最佳策略不仅要针对高端市场，也要进攻中低端市场。中端市场以价格为重，利润较低，中国本土企业的竞争也最为激烈。进入中国市场的企业，或许成立之初成本巨大，但抢得先机的最快、最佳方法是学习这些领域中中国企业的竞争之道。中国的中端市场规模甚大。权衡中端市场的规模经济，有利于跨国公司在中国甚至全球的竞争。位于中国市场中间层次的企业演变迅速，市场也与日俱新。

跨国公司通常低估这些地方企业的发展速度及它们挑战市场先锋的速度与能力。这些利基企业居高位而易受骄傲自满之绊。经验表明，多数公司需要的发展速度远远超出它们的先期预想。虽然如此，它们的发展速度仍不够快。

随着时间推移，地方市场中逐渐融入更高层次的技术和更高价格。“中国价格”很快成为“全球价格”。地方市场是全球未来竞争者的温床。

正如中国将不可避免地调整经济结构以进军国际市场一样，西方也要进行同样的调整并重新接受全球竞争的“洗礼”。西方，尤其是美国，极力推行自由市场经济。既然这种经济制度已经建立，所有企业获取未来成功的关键是创新能力和生产大众普遍认可的物有所值的商品。

苹果公司是一个显著例子。使苹果在其他电脑公司中鹤立鸡群的因素是其设计新产品、提出新观点的能力。若不是iPod、iPad、iPhone的超级设计和美学概念，苹果不可能像现在这般如日中天。苹果产品价格昂贵，然而史蒂夫·乔布斯去世之时，却有无数中国人扼腕叹息、缅怀英雄。苹果在中国的销售额超过中国所有其他电脑生产商创造的销售额之和。

创造性思想产自教育和新思想优先的社会，产生于人们对未来职业和新思想充满安全感的社会。随着越来越多的财富由富裕国家转移到新兴国家，公司都有在本土削减成本弥补收益损失的自然倾向。教育及社会安全网络开支也将不可避免地随之削减。公众忧虑未来时，则有保持低调、不愿抓住机会的倾向。因此，全球市场中的社会竞争趋于缓和。仍想保待竞争力的公司则要逆这两种倾向而行。

火车去哪儿

最终，中国作为世界经济中的主要力量，而且地位日益显著，反过来也会促使以冷战为标志的超级大国对抗。另一方面，世界渐渐趋于一体化，中国企业改变世界，中国的经济发展将为所有人创造新机遇。

此刻，我们可见上述第二方面。中国的经济未来与西方紧密交织，两者唇亡齿寒。西方发生的经济危机也有可能影响中国，中国如果发生经济危机也会对依靠全球供应链的西方企业产生偌大影响。从某种意义上说，世界经济已环环相扣、不可分割。

中国已清楚地看到，西方的未来发展必将对其产生影响。2010年上半年，中国在欧洲640亿美元的投资中，至少30%直接流向欧元疲软国家，其中包括希腊、西班牙、葡萄牙、意大利。

我们不可否认这样一个事实：中国在世界其他地方的投资量越大，中国与其所投资的国家命运则越相关，其利益也就越发依赖普通商品。无论喜欢与否，最终结局是，大家都是一条绳上的蚂蚱。

世界也有可能成为更加公平的竞技场。从现在开始，最有可能成功的公司是拥有最可信品牌的公司。对顾客需求有最清晰的定位，能够实现金钱的最大价值，这也是成功公司的必经之路。

中国在全球经济中的竞争力日益增强，权利天平倾斜方向的转变将自然而然地引发那些跨国公司的担心，中国的所得将是它们的所失。不管它们惧怕与否、喜欢与否，中国企业的全球化进程正逐步推进。

此处引用出现频率较高的一个隐喻，火车已经离站，但却仅仅开始加速。火车仍有可能被赶超，但赶超时间已不多。客观评估全球市场大事的人可清楚看到火车的目的地。

你可以乘上火车，在新形势下抓住现有机会；你也可以无所事事地杵在站台上，思忖火车将去哪里，下一站将会怎样？最后一批乘客醒来时，火车及所有可能性已遥不可及。世界上有三种人：开动火车之人、观看火车行驶之人、对火车一无所知之人。机会在你手中。切勿错过火车！

诗画中国梦 ［简］

作者：一清

ISBN：978-7-5051-2825-5 定价：48.00

这是一本有关“中国梦”的诗配画图书，是中国优秀传统文化艺术与当代精神的完美结合。

诗画中国梦 ［精］

作者：一清

ISBN：978-7-5051-2836-1 定价：58.00

这是一本有关“中国梦”的诗配画图书，是中国优秀传统文化艺术与当代精神的完美结合。

美国能向中国学什么

作者：［美］李湑

ISBN：978-7-5051-2347-2 定价：32.00

经济危机中的中国快速复苏，经济持续增长，是充满威胁的竞争者，还是良师益友？纽约大学教授带你看美国人眼中的中国。

红镜头：中南海摄影师眼中的国事风云

作者：顾保孜 摄影：杜修贤

ISBN：978-7-5051-2746-3 定价：98.00

著名红墙女作家、中南海红色摄影师，带你重温共和国风云岁月，探秘领袖内心世界。

毛泽东的诗人风采

作者：陈晋

ISBN：978-7-5051-2874-3　定价：36.00

本书以优美飘逸的文辞、酣畅淋漓的笔墨，从诗词角度探寻毛泽东的内心世界，展现他作为诗人的绝世风采。

毛泽东在重大历史关头

作者：宫力　朱地　陈述

ISBN：978-7-5051-2458-5　定价：36.00

在中国革命和建设的重大历史关头，毛泽东是如何处理一系列重大、棘手的历史问题的？中央党校权威专家为你深度解读。

毛泽东与中美外交风云

作者：宫力

ISBN：978-7-5051-2897-2　定价：39.80

毛泽东和尼克松打开封闭已久的中美关系大门，是20世纪国际关系史上最为重要、最富戏剧性的外交突破。

鲍鹏山品水浒（修订版）

作者：鲍鹏山

ISBN：978-7-5051-2319-9　定价：50.00

鲍氏文风，汪洋恣肆，诙谐幽默；注重细节与逻辑，突出《水浒》中的人性、文化、思想内涵。

普京与梅德韦杰夫

作者：［芬兰］戴斯多·多尔瓦宁

ISBN：978-7-5051-2211-6　定价：32.00

俄罗斯沉寂十年、腾达十年，剖析“梅普”双核时代实践经验，窥探“治大国若烹小鲜”之道。

铁娘子撒切尔

作者：［英］约翰·布伦德尔

ISBN：978-7-5051-2469-1　定价：30.00

本书为铁娘子撒切尔最权威的传记。作者约翰·布伦德尔是自由企业经济模式最有力的斗士之一，撒切尔同意由他来向世人解释“撒切尔主义”。

曼德拉：艰难地走向自由

作者：［南非］纳尔逊·曼德拉

ISBN：978-7-5051-2782-1　定价：30.00

南非终身名誉总统纳尔逊·曼德拉出版的第一本书，畅销全球50年，销量突破200万套，作者亲笔独家授权中文版首度问世！

蒂姆·库克：苹果改变了世界，他改变了苹果

作者：［韩］金大源

ISBN：978-7-5051-2457-8　定价：32.00

乔布斯走了，没有了乔帮主的苹果怎么办？幸好有蒂姆•库克在！全世界都在追问这个谜一样的男人！因为只有了解了他，才能一窥苹果的未来。

青年们，读马克思吧

作者：［日］内田树　石川康宏 著

ISBN：978-7-5051-2465-3　　定价：25.00

超级畅销书《日本边境论》作者内田树又一重磅力作，出版后在日本狂销1000000套。史上最有趣、最实用、最易读的马克思主义说明书。

马克思主义使用说明书

作者：［法］丹尼尔·本赛德　插画：Charb

ISBN：978-7-5051-2464-6　　定价：30.00

法国思想家丹尼尔·本赛德力作。2009年在法国出版后相继在英、美、德、日、韩等国热卖。

乔布斯的演讲之道

作者：［韩］郑硕教

ISBN：978-7-5051-2461-5　　定价：26.00

打破僵局的开场，渐入佳境的说明，打动人心的语言，引发共鸣的表演，感人至深的结尾。破解乔布斯让听众狂热的25个演讲密码，让你成为像乔布斯一样的演讲高手。

乔布斯内部信件

作者：［美国］马克·米利安

ISBN：978-7-5051-2460-8　　定价：26.00

史蒂夫这些邮件将带领着我们一步步走入这个男人的世界，从而洞察他不易示人的内心、窥探他那几个公司的内部工作状况，这些都是商业领域中向来需要严加把守的秘密。

林书豪：我的梦想可以复制

作者：林淑华

ISBN：978-7-5051-2364-9　定价：26.00

他的成功不仅是篮球界的狂欢，也是教育界乃至全社会的镜鉴。如何让年轻人坚持梦想，通过自身努力取得一席之地，是这个时代应该思考的问题。

美国1774—1824：弗吉尼亚王朝兴盛史

作者：岳西宽

ISBN：978-7-5051-2716-6　定价：36.00

要了解今天的美国，必须了解昨天的美国，必须追根溯源了解来自弗吉尼亚的开国元勋当时是在什么样的境况下创建了美国。全方位追踪美国开国五十年辉煌发家史。

舌尖上的心理学：饭桌交际中的心理策略

作者：张兵

ISBN：978-7-5051-2528-5　定价：29.8

洞悉中国式饭局社交智慧，在觥筹交错间读懂人心。本书用现实场景与心理分析相结合的解读方式，来诠释舌尖上的心理奥秘。

团购优惠

凡团购《解读中国•瞭望世界》推荐图书，可享受特定折扣。10本起团，免邮费，书款汇至出版社账户，折扣如下：

10册≤购书册数＜20册，7.5折；

20册≤购书册数＜50册，7.0折；

50册≤购书册数，6.5折。

具体团购事宜，敬请咨询：010—84016719。

图书在版编目（CIP）数据
中国企业改变世界 / 聂东平，威廉·道尔著；
李娟译. -- 北京：红旗出版社，2013.12
书名原文：In the shadow of the dragon
ISBN 978-7-5051-2928-3
Ⅰ.①中… Ⅱ.①聂… ②威… ③李… Ⅲ.①企业–
研究–中国 Ⅳ.①F279.2
中国版本图书馆CIP数据核字(2013)第318437号

著作权合同登记号：图字01-2012-6266

书　　名　中国企业改变世界
著　　者　［美］聂东平　［美］威廉·道尔　亚伯拉罕·鲁
译　　者　李娟

出 品 人　高海浩　　**选题策划**　张景涛
总 监 制　徐永新　　**责任编辑**　张景涛　王海峰　董良敏

出版发行　红旗出版社　　地　　址　北京市沙滩北街2号
邮政编码　100727　　编 辑 部　010-64038529
E - mail　hongqi1608@126.com　　发 行 部　010-64024637
欢迎品牌畅销图书项目合作　　项 目 部　010-84026619
印　　刷　北京画中画印刷有限公司

开　　本　710毫米 × 1000毫米　1/16
字　　数　200千字　　印　　张　18
版　　次　2014年4月北京第1版　2014年4月北京第1次印刷

ISBN　978-7-5051-2928-3　　定　　价　36.00元